湛庐CHEERS

与最聪明的人共同进化

HERE COMES EVERYBODY

用脑拿订单 2.0

THINKING GAME

孙路弘 ◎ 著

北京联合出版公司
Beijing United Publishing Co.,Ltd.

知识的播种者

- 他银发苍苍，常常被人误称为“孙爷爷”，而事实上他是真正的 60 后；
- 他常常背着“为人民服务”的挎包，包里总装着稀奇古怪又前卫新潮的电子产品；
- 他一天写 1 篇千字文，一周看 3 部电影，一个月读 10 本书，十年如一日坚持回复读者和受训人员的每一封邮件；
- 他每半年有 90 天给企业进行实战内训，随后在全球各地充分享受充电、阅读和写作；
- 交谈时，他常常拒绝看法，只要事实和细节。有人说他洞悉人性，有人说他过于犀利，他说自己愿意做“一盆泼出去的冷水”，通过深刻的洞察和犀利的言语让自己与世界保持清醒……

教师，一生的选择

做一名教师，是孙路弘早在 12 岁从育民小学毕业时就确立的人生目标，因为那时的他疯狂地把前苏联教育家苏霍姆林斯基奉为知己和导师，并深受其影响：

苏霍姆林斯基的《给儿子的信》他前后买了 60 本，小伙伴们都知道，只要谁过生日，孙路弘送的礼物肯定是《给儿子的信》。

1981 年，当高考成绩足以被北大、清华任何一个系录取时，受苏霍姆林斯基感召，孙路弘毅然报考了北京师范大学，他的第一志愿是北京师范大学，第二是清华，第三是北大，第四是复旦，第五是中山大学。毫无悬念，他考上了北京师范大学，他的专业是数学系。而从北京师范大学毕业后，他又主动要求回到母校北师大附属实验中学执教。

直到今天，他都在坚守和实践苏霍姆林斯基的谆谆教诲：

- 要学会强迫自己每天读书；
- 不要把今天的工作放到明天去做；
- 今天丢弃的东西，明天怎么也补不上；
- 任何时候都不要停止脑力劳动，哪怕一天也不要停。

奥数第一人

孩童时，是妈妈的潜移默化让孙路弘从小就对数学产生了浓厚的兴趣，收电费、买日用品时让他口算钱数、乘公共汽车时让他去买票并核对找的钱是否正确等，这样的生活细节塑造了他高于常人的数学能力。孙路弘常常说：“让我自豪的不是我自己，而是我有一位难得的妈妈。”

不仅有个好妈妈，他还遇到了慧眼识珠的好老师。初中二年级，北京市西城区举办了一次全区数学竞赛，孙路弘是第 20 名，就这样，他的名字被实验中学的数学老师张继林知道了——他被破格转学到实验中学。张老师的数学教育深刻地影响了孙路弘的数学思维。

后来他回到母校执教，和张继林老师成了同事。1985 年，数学竞赛已经逐渐成为趋势。于是，以实验中学为基地，从小学开始培养数学苗子的工作正式启动，而具体操办的重任就落到了孙路弘的头上。当时，从实验二小三年级招了 28 个学生，组成一个班，每周一次到实验中学上 4 个小时的课。作为这个班的班主任，他需要与北京数学会协调，分别邀请数论、几何、微分等方面的权威专家来讲课。当时，这个班的名字叫奥数训练班。这是中国第一个专门以奥数命名的课外数学辅导班，孙路弘就是真正的奥数第一人。

最会卖大英百科全书的人

孙路弘是一个做什么事情都愿意比别人多动动脑子的人，他在澳洲求学，无论是在餐馆打工，做出租车司机，卖大英百科全书，还是做汽车销售，都能屡出奇招，高人一筹。

他到今天都记得大百的老板对他说的话："如果你会卖大英百科全书了，天底下就没有你不会卖的东西了。"那时，一套 25 本的大英百科全书，共 2 500 澳元（合 15 000 元人民币）。

最初的两个半月，销售毫无起色，一套都没有卖出去。就在他沮丧不已，甚至行将放弃时，一个客户给他打来电话，问他，大百中是不是包括所有的事情，并给了他一个传真号码，要求他将书中"地震"这个条目下的信息全部提供给她。回到办公室，打开大英百科全书，孙路弘才惊讶地发现：在"地震"这个条目下居然有 34 页的内容。显然他不可能将所有的 34 页内容都传真给客户，于是他进行了编辑，将历史上最早记录的地震、引发海啸的地震、破坏力最大的地震等整理在一张 A4 纸上。

令人意外的是，第二天中午，客户就来电话告知他，要订购一套大百。送货时，客户说，她的孩子从来没有得到过老师的表扬，结果今天中午，孩子在自然课上得到了全班同学的掌声以及老师的肯定，就是因为那张 A4 纸上所有有关地震的内容。

后来，孙路弘陆续销售了 16 种不同的产品，有广告、房地产、汽车黏合剂、服装染料、皮具、保险等。销售的产品并不重要，重要的是客户。一切围绕客户展开，才是销售核心中的核心。

奥迪顾问与奔驰教官

2001 年，奥迪学院院长艾伯乐邀请孙路弘参加奥迪学院招聘培训师的面试活动，这个面试有 6 位面试官，12 位候选人，面试足足进行了 3 天。3 天结束后，孙路弘以得分第一的成绩脱颖而出，被誉为 “天生的培训师”。这次机遇虽然没能使孙路弘成为奥迪的正式员工，但却让他走进了中国蓬勃兴旺的汽车产业，成为汽车产业服务咨询领域最具影响力的培训师。在接下来的几年中，他开始陆续作为奥迪学院的外请顾问，为奥迪中国的 4S 店经销商提供销售管理、销售流程的系统培训。

2004 年，奔驰也找到了他。随后的两年半时间里，他给奔驰一线高级销售顾问提供了大约每年 40 天的销售流程及主动营销课程的培训，并参与了对所有销售顾问的考评。因此，奔驰的销售顾问都亲切地称他为“教官”。

正如奥迪学院对孙路弘的评价，他是“天生的培训师”。现在孙路弘是美国培训与发展协会（ASTD）资深会员；美国科特勒营销集团（KMG）中国区高级营销顾问；圣路可（中国）商务顾问有限公司首席顾问、讲师；美国领导力培训中心授证的高级讲师，同时也是中国第一位合法使用中文传授该中心领导力课程的大陆讲师。

LUKE LUKE LUKE LUKE LUKE LUKE LUKE LUKE LUKE LUKE
LUKE LUKE LUKE LUKE LUKE LUKE LUKE LUKE LUKE LUKE
LUKE LUKE

孙路弘作品系列

《用脑拿订单（经典版）》

《用脑拿订单 2.0》

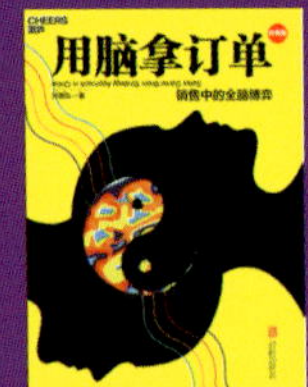

《说话的力量》

《大客户销售：能力测试与成长》

译作《销售大师》

《汽车销售的第二本书》

《看电影学销售》

《看电影学管理》

《汽车销售的第一本书》

《用脑拿订单：经典案例实录》

《用脑拿订单》

古人认为劳心，就是让心劳动。只要人活着，心一定会动，而且不能停。中国古人认为心负责的是思考、思索、思维。现代医学研究揭示出，心是一个收放器，把血液从身体其他部分收回来，然后再从另外的血管压缩出去，这施加压力的过程，就注入了氧含量较高的血红细胞，压出去的血液携带氧较多，带给大脑、肢体、器官更多的能量，这些血液消耗一圈以后，氧含量下降，被心脏收回，再次压缩施加氧并推送出去，周而复始。心，仅仅是血液周转用的。

现代医学解释，人与动物的不同，主要是脑体比。大脑支配物种的肢体以及行动。这些行动可以是以获取食物、躲避灾害为目的的系列性动作，也可以是多层次的复杂动作。这些又都进一步刺激大脑的发育，大脑层的叠加，神经元的发育，让人类从所有物种中脱颖而出，成为万物主宰。人与人比较，脑力表现也有不同。

仅从销售工作来说，同样都从事销售工作，回答客户关于产品价格的提问时却不同，而回答内容不同，得到的结果就不同。回答内容的不同源于销售人员是否思考过，是否脑海中有过不同回答的选项。从事销售工作的人都知道，客户提这个问题，可以预测的就是客户有购买的可能。当然，通过我们的回答，引导客户做出购买决策，这是销售人员的目的。那么，看看如下可以有的回答选项：

A：这个型号款式的 3 800 元。
B：您问的这个款式，销量太高了，3 800 元。
C：这个款式型号的，绝版了，3 800 元。
D：这个款式，一元钱一万像素，总共 3 800 万像素以上。

不同的回答引发客户不同的想法。哪种回答可以让客户更加关注产品具体的功能，专注在产品的细节上，而不是追问有没有优惠和折扣呢？

作为一个销售人员，如果你知道自己面对任何一个客户的提问，都可以有四种以上的选择，你可能就开始动脑子了，而不是本能地有问有答、有一说一、实话实说、问什么答什么。太多的销售人员从事销售工作的初期就是如此地纯朴、老实、被客户摆弄。客户的脑力活动效果比销售人员的脑力活动效果要好，才能够调动销售人员团团转。

用脑拿订单，就是要思考、权衡、比较，然后形成能够控制“因”而影响“果”的方式应对与客户的对话，从客户问话的目的出发，并调动客户的思路，从而控制客户的思路，让客户的想法跟着销售的话走。曾经真的有这样一本书，说的就是这事，书的名字就叫《用脑拿订单（经典版）》。

用脑，是主旋律。拿订单，不仅是销售工作的事情，一对一销售活动，需要用脑。企业开展的市场营销活动，就是向潜在客户发送广告，通过广告内容影响客户购买产品，这也是一个用脑的过程。广告内容来自于设计师的脑力劳动的结果，不同的广告内容，能够达到的效果有明显的不同。市场工作很多环节用脑想一想，就能够把客户治理的井井有条。

用脑拿订单，用脑做市场，用脑求发展，这三个主题都是一个旋律，就是用脑。人类靠用脑成为万物主宰，销售人员靠用脑拿下不可能的订单，市场人员用脑创造爆款的神话——任何人，用脑都可以获得自己事业的发展。

一个旋律，三个篇章，汇成一体，真的有这样一本书，叫《用脑拿订单 2.0》。拿到一个客户的定金，拿到一个市场的销量，拿到自己事业的入场券，都是用脑的过程，都是用脑的智慧。

销售工作不是简单的体力劳动，不是靠勤奋、靠励志、靠鸡汤就能够如愿的。当喝了那么多汤还一事无成的时候，尝试一下健脑体操吧，每天三道思考题，30 天思考客户的订单，30 天思考市场的销量，30 天思考自己的前途。连续 90 天，形成思考的习惯，让自己的大脑充满能量，洞察人心，识别机会，做出智慧地判断，用上巧妙地答复，拿下任何目标。

不用夸下海口，不用定一个亿的目标，真的就是一个小目标，90 天，天天思考，拿下眼前这本书，让自己的大脑升级。就是一个小目标，拿起这本书，每天完成定量的内容，做好三道题，然后去思索、思考，形成自己的思路，打造优势思维、卓越思想，让思绪的油箱永远是满载的。

THINKING GAME

目 录

第二篇 非线性营销，搭建企业的全营销体系

营销实际上就是八个字：传播信息影响人们。市场营销不是大手笔的花钱，而是运用科学精神，利用规律进行规划，并通过设计环节提高客户采购的意愿，在现场完成交易。企业把产品推向市场时，应对营销的四个词汇所涵盖的内容进行具体的规划和设计。

第三篇 用脑拿订单，销售中的全脑博弈

用脑可以拿订单，用脑可以决胜市场。用脑是核心。用脑如同用手、用脚。用手可以挪动物体，用脚可以改变自己的位置。用脑，可以影响别人。用手用脚，看得见；用脑，也可以看见。用眼睛收集信息和用耳朵收集信息，就会导致用脑程度的不同。开始第三篇的旅程吧，真正用上脑力。

SALES

第一篇

线性销售，思维过程的 6 大要点

GAME

用脑拿订单就是对线性销售过程进行细致观察、反复比较，将得到的结论用于预测或改善销售效率，了解了流程、环节、规律，就能够把握并改善。将销售过程都想透彻了，想彻底了，想明白了，每次出手都是遵循次序、符合规律、满足因果的，最终就能完成订单。

扫描二维码，

听孙路弘老师为你讲解本篇的销售要点

SALES GAME

01

销售流程，没有第一步就没有第二步

KEY WORD

·关·键·词·

流程

就是一系列环节按照前后次序进行的过程。

非线性

在时间变量基础上，多个变量影响一件事情的变化过程。

/ DAY 1 / 一切销售活动都源自生活

一切销售活动都来自于实际生活，每个人的生活中都有类似的经历。很多场景即使没有亲自参与，也或多或少听说过，脑海中会有似曾相识的感觉。

展台上摆放着一件商品，路过的人要先看到，才会走近细看，进而触摸感觉，然后询问。这是销售的第一个流程，一个环节接着一个环节。如果没有看到，就不会细看，也就不会动手触摸了。

人的听觉是四散的，方向较开阔，而视觉是有方向的，开阔程度比听觉要小，大约是听觉的四分之一。因此，在人们有可能看到产品之前，是可以先听到的。于是，听到吆喝声就成为看到产品之前的一个环节。这样，销售流程的环节中又多了一个：人们听到了吆喝声，觉得有趣，走近一看，没看明白，再用手触摸，然后询问。

这就是线性的流程，必须有第一步，才会有第二步；没有第一步，也就没有第二步。

销售过程是人与人围绕产品互动的过程。有人介绍产品，就是发出信息，有人接收信息，然后做出决定。在互动中，人与人会进行信息交换。销售顾问可以通过设计信息来触发客户的各种感觉系统，触发的系统越多，客户被吸引和诱惑的可能性就越大。

测试题 THINKING GAME 2.0

|选择题|

1. 人类有五种感觉系统，分别是视觉、听觉、触觉、味觉和嗅觉。这五种感觉系统都能够让我们得到信息。那么，哪种感觉系统是线性的?

   A）视觉　B）听觉　C）触觉　D）味觉

2. 人的五种感觉系统都能够让人对眼前的情况进行判断，并做出恰当决策，比如这个东西能不能吃，这个东西是不是会烫伤皮肤。其中一些最基础的判断，是我们在很小的时候就能够掌握的。不同的感觉系统获取信息的效率不同，同样的时间内，单独利用一个感觉系统获取信息，哪个感觉系统能够获得较多的信息?

   A）视觉　B）听觉　C）触觉　D）味觉

3. 超市的食品货柜旁，经常会有促销员端着托盘，盘子里是切成小块的食品，比如面包、牛肉干。促销员向来往的顾客介绍道:“尝一尝，闻一闻，好吃再买。”有些顾客就会上前品尝，品尝过后的其中一些顾客就会购买。在这个过程中，这些顾客的哪些感觉系统参与了购买决策?

   A）视觉　B）听觉　C）触觉　D）味觉

|思考题|

请从自己的生活经历中找出一段类似的情景，并写下来。对这些活动的过程进行再次梳理一次，也许能够品味出销售活动中不同人的行为。400字

SALES GAME

02

动作是因，成交是果

KEY WORD

·关·键·词·

因果

一件事情的发生，导致另一件事情发生，两件事情之间就是因果。

辅助需求

人们对产品次要功能的需求，也即辅助需求。

辅助意识

人们头脑中对产品次要功能的感知。

/ DAY 2 / 最终的结果与最初的预想

现在，意大利仍有手工制造汽车，技术人员每天早上决定当天的工作是上轮胎还是上门板。相比较，流水线上的汽车就没有那么灵活了，而是有严格的流程。首先是放置车辆底盘，然后添加零部件，流过 218 道环节后，整车下线，这就是线性流程。意大利手工作坊的耗时长，无法确定交货时间，因为他们相信慢工出细活。

线性环节前后之间有次序，还有因果。前一个动作失当，后一个动作就无法进行。100 个人看到你展示出来的食品后全走了，连尝一下的人都没有，原因是这 100 个人吗？好像不是？肯定不是！

同样的两个地摊，卖的都是袜子，都在过街天桥上，一个地摊前人很多，一个地摊前没有什么人，这是什么原因呢？是运气不好，还是背后有必然的原因？大部分人会考虑以下三个原因：

1. 地点
2. 产品
3. 围观人数

1. 就地点而言，天桥两边上来的人流量没有明显差异，这个原因占比不大。

2. 就产品而言，两个地摊推销的都是袜子，人从远处走过，并不是实实在在地看到袜子后才凑近看的。

3. 就围观人数而言，虽然人们连袜子都没有看清，但会好奇为什么这个地摊前有这么多人，进而决定走近看看。因此，后来的人是被前面围观的人所吸引的。

现在，我们至少找到了一个比较有效的原因，那就是如果围观的人多，就会越来越多。

让我们梳理一下销售的过程：

第一步，吸引人看：吆喝，展示。
第二步，让人触摸：摆放样品，方便人们动手感觉。
第三步，配合讲解：说明产品的好处。
第四步，回答客户的问题。
第五步，鼓励客户决定。

这就是因果递进。第一步吆喝的水平不同，摊位前的人数就不同。这一步来的人少了，第二步的人相应也少，后面每个环节的人都会少，到最后也就卖不出去多少产品。这就是说，你今天的销售量，从第一步就已经看出来了。

线性的过程其实告诉我们的是规律的过程。打蛇要打七寸，即蛇的心脏位置，这就是规律。规律让我们知道要找准目标的要点，而不是费力不讨好。

一线跑市场的业务员辛苦、勤快，可最终的结果却并不符合最初的预期。

他们在路边看到有人走过，就塞一张传单到对方手里；见到写字楼就勇敢地进去，敲响每间办公室的门；拿到电话清单，就一个一个地拨打，像录音机一样重复一套话术；在自己的店铺前，用扩音器播放促销说明，推介新品，张贴海报……可惜，这些方法的效果都越来越差。你们追问过原因吗？

不问原因，而是每次都用努力、奋斗这样的励志话来激励自己，用不停地流汗来安慰自己将来总有一天会成功，这不就是每天都在做着重复的事情，却期待某一天会有不同的结果吗？

销售人员有自己的销售步骤，这些步骤形成环节，每个环节都应该诱发潜在客户的行为。那么，线性流程中，客户是什么样的购买过程呢？

1. 心里知道自己需要一件产品，比如手机壳。
2. 感觉还是挺需要这件产品的，因为心爱的手机需要保护。
3. 寻找相关信息，既包括线下信息，也包括线上信息。
4. 了解信息后，权衡价格，做出购买或不购买的决定。

这就是每个人掏钱买东西都必经的环节。

针对第一条，如果你销售手机壳，那就要让有手机的人能够看到你的信息。这些人在哪里？你是否知道不同品牌手机使用手机壳的比例？如果苹果手机69%、三星手机47%、HTC手机31%、小米手机15%，那么，你应该到哪里去散发你的手机壳的信息？选择不同的地点，将决定你能够吸引到多少人来看你的产品。

在这个过程中，你能够感觉到因果的思维方式吗？现在许多销售顾问根本就不考虑这些，总是觉得只要我够勤奋、够努力就一定会成功。他们在太阳底下流着辛勤的汗水，默默地发着小广告，傻傻地等待，或者祈祷一个意外的结果出现。然而，却总会有另一个销售顾问，在苹果专卖店门口散发传单，在小区门口、写字楼附近散发健身会所广告，到打工族和老年人为主的小区散发家政服务广告。

第一步就已经能够看出把握规律的作用了。每天还在默默辛苦工作的一线销售顾问，一万个人中只有一个想过这一步，并做出了决定，最后取得成功。他和大家分享的时候说：**成功不是靠傻傻地重复一个动作期待不同的结果，而是把事情按照流程想明白，做对了，也就成功了。并不是辛苦就一定能成功，成功的本质应该是方法正确。**

销售一件产品，当须要对这件产品进行说明，过去都是印在纸上，现在都是发布在网页中。发布这些说明有技巧吗？应该发布到哪里？你有目标吗？知道达到目标有哪些前因吗？

线性思维过程的第一个要点就是因果。你发放的信息，客户看还是不看，就是你发布信息的果。客户看了，对此感兴趣还是不感兴趣，是你撰写的文案、介绍产品的话术的果。然后客户决定买还是不买也是果，前因是看了你发布的说明内容，听完你对顾客提问的回答。

让客户不买的因有成千上万，而让客户购买的因只有一个。路上那么多岔口，成千上万条道路中，只有一条通向罗马。销售高手就是慧眼识路，走上一条让对方下单的路。你的产品说明发布到哪里，就是让客户最终下单的其中一个因。

测试题 THINKING GAME 2.0

|选择题|

1. 假设有一种保健品，市场总监已经拿到预算，同意在电视上投放广告，你认为应该投放到哪个频道?

   A）新闻频道　B）经济频道　C）电影频道　D）少儿频道

2. 今天的内容实际上是要告诉我们：

   A）发放传单要思考地点　B）发放传单要研究客户

   C）发放传单要更加勤快　D）发放传单要思考因果

3. 当下的实际情况是，总是有特别勤奋的销售顾问真的坚持了很久，并取得了业绩，这说明：

   A）依靠勤奋是对的　B）取得业绩是因为碰巧符合了规律

   C）多次碰壁后调整了做法　D）虔诚祈祷的结果

|思考题|

请回忆过去三个月，你发放产品传单的通路，并论证你选择该通路的理由。（如果你不是销售顾问，请回忆你过去三个月收到的产品说明，并分析是通过什么通路获得的，这个通路合理吗？）

/ DAY 3 / 销售流程与购买思路

对信息发送的通路进行了正确选择，客户真的就会蜂拥而至吗?

有一家健身公司的市场总监安排销售顾问在办公楼附近发放办理健身会员卡的传单。他们一天发出500张，但将传单放入包里的也就二三十人。事后打电话过来咨询的也只有两个，还都没有成交。

让我们学会清醒地看待我们面对的失望。没有成交真的很令人失望，特别是在发放传单之前还进行了正确的市场分析，了解到这里的人群结构以及他们对健身的态度，都完全符合健身的目标人群。

失败会有很多原因，你做对了第一步，不等于第二步也做对了，更不等于后面所有步骤都对。这是线性的过程。**要做到完全掌控线性事件，就必须找到前提，也就是事情的起因。**

重新检查一遍第一步：这里的人群有需求，他们也意识到了自己需要健身，但这家健身会所的销售人员发出了传单却没有客户上门，那么应该只有一个理由：已经有人早一步让他们满意了。这位市场总监在我的提示下重新进行了市场调查，果然，这个区域 3 公里范围内，已经有了三家健身房。

请大家再思考一个现象：某大型购物中心的人流量下降了约 5%，而交易量却下降了 41%。后来该购物中心加装了空调，扩宽了停车场，增设了电梯，甚至引入了电影院，这些措施虽然使人流量回升超过 15%，但交易量却继续下降了 6%。这里就存在一个因果逻辑，众生畏果，菩萨畏因。

> 交易量下降的原因是人流量吗？
> 难道不是吗？因为以前人流量提高，交易量就会提高啊。

可怜的生意人，只懂数钱，却不懂逻辑。A 提高导致 B 也提高了，那么 B 下降的原因肯定是 A 下降了。这个思路正确吗？当然不正确。这一切都是因为网购平台。顾客买东西可以网上下单，快递送货上门，多出来的时间可以看电影、锻炼身体，反正不必再亲自到超市、商场去买东西了。这就是一个导致交易量大幅下降的主要原因。其实，这个结果在 2004 年就能够预测到了，不必今天才认识到。那时，网购平台进行积极的市场宣传，越来越多的人养成了网上购物的习惯，不过三五年的时间，就对线下商场、超市的业务造成了显著的影响。

因果的原因有时会提前很久就出现，而结果要到最后才会显示出来，然后人们才会意识到，并不知所措。企业的销售顾问也是如此。

很多做生意的人喜欢前赴后继地奔向同一个战场。当他发现某个区域已经开了三家健身会所，总是会想："我再开一家，肯定也有生意。"这个因果符合逻辑吗？你派出更多的人派发传单，并不会让客户办两家健身会所的会员卡。如果大家都抱着这样的心态进入市场，市场中也就没有什么独特的产品了，所有同类业务都会被削弱。

那么，客户心中购买产品的流程是什么呢？

我刚从苹果专卖店出来，买了一个 iphone7 手机，刚出门手里就被塞进一张小卡片，上面写到："iphone 7 可爱，请给它穿上旗袍。"我停下脚步，打量了眼前的人。他头戴一顶帽子，帽子上的图案是一个被咬掉一口的苹果图形。他拿出三个透明塑料壳，我接过一个，感觉有点厚。他拿着另一个比较薄的，说："这个是钢化塑纤技术合成。"随后他将那个手机壳扔到地上又捡起来，我看了一下，确实没有磕碰后的痕迹。我拿出 100 元给他："两元不用找了。"

销售顾问有一套销售流程，客户心里有一套购买思路（见图 2-1）。

客户有需求还是没有需求，你到哪里去找有需求的客户？客户需求强烈还是不强烈，你到哪里找需求强烈的客户？有人在乎产品的功能，有人嫌贵离去，有人掏钱不用找零，你怎么分辨他们是哪类人？

第一步：需求
第二步：需求强烈度

第三步：满足需求的功能
第四步：钱与需求的天平
第五步：成交还是离去

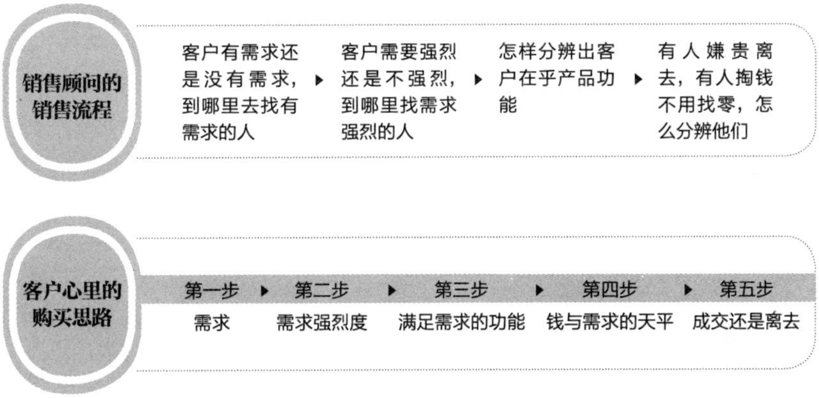

图 2-1 销售顾问的销售流程和客户的购买思路

销售顾问的销售流程就是从客户心中的购买流程入手，环环相扣，步步紧逼，成就千万条道路中，那唯一一条能够到达罗马的路——下单。

第一步中有三个细节要澄清：

1. 需求是客户意识到的，还是没有意识到的。
2. 意识到的需求是否已经得到满足。
3. 需求是不是频繁出现的。

作为男性，我是这么看待女性的：

- 18~25 岁，她们渴望爱情，即意识到需求一个男友。
- 25~28 岁，她们已经确定了择偶范围，即有一个男友的需求得到了满足。
- 28~38 岁，她们已经结婚，不会再出现对男友的需求。

那么，如果你要找配偶，应该到哪个群体中去宣传自己？

测试题 THINKING GAME 2.0

|选择题|

在一个孩子贪玩，妈妈在乎健康的家庭中，可以罗列出如下需求：

A. 玩具
B. 肥皂
C. 换洗的衣服
D. 健康食品
E. 提高智力的产品
F. 提高能力的产品
G. 个人卫生护理，例如指甲，头发
H. 孩子的游乐场所
I. 适合孩子学习的图书
J. 孩子的小伙伴

1. 以上 10 个需求中，哪些是妈妈意识到了的需求（多数妈妈，多数情况）：
   A）健康食品　B）游乐场所
   C）孩子的小伙伴　D）肥皂
2. 当一位母亲看到一篇报道，说一个孩子在某家餐厅吃了快餐后拉肚子，送到医院急救却回天无力。这时，这个妈妈的哪些需求会非常强烈：
   A）健康食品　B）游乐场所
   C）孩子的小伙伴　D）肥皂
3. 手机从简单的移动接听拨打电话这个需求点发展为智能手机，哪个辅助需求发挥了重要作用：
   A）收发电子邮件　B）随时可以照相
   C）随时保持联络　D）可以玩游戏

|思考题|

在一个孩子贪玩，妈妈在乎健康的家庭中，可以罗列出以下 10 项需求：

A. 玩具
B. 肥皂
C. 换洗的衣服
D. 健康食品
E. 提高智力的产品
F. 提高能力的产品
G. 个人卫生护理，例如指甲，头发
H. 孩子的游乐场所
I. 适合孩子学习的图书
J. 孩子的小伙伴

1. 请按照需求意识对以上 10 个需求进行分类，即哪些是妈妈意识到了的，哪些是没有意识到的。
2. 这些需求中，哪些需求可以结合起来发布到市场中？
3. 一个幼儿英语教学机构，应该牢牢把握哪个需求？

/ DAY 4 / 辅助需求与明显需求

一位妈妈带着孩子来到一家幼儿英语教育机构，销售顾问邀请孩子免费试听，这满足了妈妈的哪个需求？智力提高、能力提高、孩子游乐、认识小伙伴？

销售顾问回答不了这个问题，因为他从来没有想过，或是对四个选项的意思都不是非常明白。这就是一个简单的销售动作。销售顾问最多会回答一句："公司让这么做的，来了孩子，先安排试听。"他们会告诉家长："先试听一下，看看孩子是不是喜欢，然后你们再决定。"

但是，当孩子进入一个陌生环境，周围有几个小朋友，前面有老师，旁边墙壁上贴满各种漫画以及装饰性的花草植物时，他能知道自己喜欢什么吗？

销售一件产品能否成功是与客户需求战斗的结果，而不是与同类产品比价的结果。如果从来没有研究过需求，就只能听天由命——痛快的家长会直接签约，犹豫不决的家长则会拖延一下，再到别的地方去看看，之后就没有热情再来了。

你知道辅助需求吗？辅助需求就是明显需求背后的那个需求，销售顾问用它来强化客户对需求的强烈程度。客户可能意识到了这个辅助需求，也可能没有意识到。举例来说：

> 销售顾问说："来我们这里学习英语的小朋友，长大后英语不一定很好，却比较外向，容易与其他小朋友相处。"替有孩子的妈妈想一下，带孩子到英语教育中心，只有这家的这个销售顾问这么说，你觉得这个妈妈的脑海中会想到什么？

无论想到什么，销售顾问都应该开发辅助需求，用来引导家长充实自己最初的明显需求，并丰富这些需求，从而进一步印证眼前这个供应商能够满足其全面需求。通常情况下，客户最初的需求都比较单一，但与销售顾问交流过后，需求就会增多。

客户来看沙发，显然他们家近期可能需要一个沙发。除此之外，你还能够找到他有哪些辅助需求吗？

以下都是辅助意识，哪一个最接近眼前客户的明显需求：

1. 人们对腰椎的意识；
2. 人们对柔软的意识；
3. 人们对坐的人数的意识；
4. 人们对耐久性的意识；
5. 人们对清洗的意识；
6. 人们对移动的意识；
7. 人们对匹配的意识；
8. 人们对风格的意识；
9. 人们对面子的意识；
10. 人们对尺寸的意识。

多数客户买沙发都是出自一个下意识的需求，或者是搬家了，或者是沙发旧了，并没有明确意识到其他需求，因此价钱就成为影响其决策的主要因素。而所有的销售顾问最多会说一些售后服务条款："我们负责上门安装"，"我们提供沙发面更新"等。这些都不是辅助需求，不能增强客户对沙发需求的意识，反而会进一步促进客户去比价。

辅助需求还可以预测用户下一个阶段的需求，不等其出现就提前研发，然后渲染，提示人们应该换一个角度思考产品。比如肥皂的需求不是洗掉尘土，而是消灭细菌。

测试题 THINKING GAME 2.0

|选择题|

1. 开发辅助需求与开发产品卖点的区别是：

A）其实是一样的　　B）客户视角与产品视角的区别

C）产品设计与销售话术的区别　　D）提高竞争力与价格战的区别

2. 找到客户自己意识到的需求，然后开发辅助需求，实际上就是：

A）开发更多的销售话术　　B）诱发客户更多的联想

C）展示产品更多的功能　　D）增加对产品价值的认识

3. 扩大辅助需求的广度，实际上是强化：

A）客户对产品的认识　　B）客户对销售过程的理解

C）客户对自己使用的感觉　　D）客户对品牌的印象

|思考题|

你销售的产品，除了罗列出一堆功能以外，设想过客户心里自我意识到的需求吗？有进一步了解辅助需求吗？你能罗列出多少条你的产品的辅助需求？

SALES GAME

03

动作次序正确，才有可能成交

KEY WORD

·关·键·词·

次序

按照一个可以明确衡量的指标对事情进行排序。

/ DAY 5 / 遵循正确次序才有可能成交

客户走进店内，打算随便看看店内陈列的各款西服，作为一个销售人员，你是打算等客人看完了有问题来问你，还是主动上前打招呼？打招呼包括 6 项内容：

1. 表示热情；
2. 表示帮助；
3. 介绍产品；
4. 回答问题；
5. 介绍自己；
6. 提问。

这 6 项内容有没有先后次序呢？假设销售人员从第 3 项开始。“您好，这款是新到的，今年最流行的，获得了欧洲男士服饰大奖，尤其是垫肩采用了特殊设计，内衬有四层，一般西服顶多也就三层。”你的感觉如何？

销售一件产品最终是用成交来判定成败，还是话术说完就算任务结束？同样是以上 6 项内容，你可以整理一下次序：

1. 你好啊，请随便看。有问题叫我一声，我就在那里。
2. 这款西服现在有四个可选颜色，我找一个合适的尺码，您可以试穿一下。

3. 这个款式是今年最流行的，获得了欧洲男士服饰大奖，尤其是垫肩采用了特殊设计，内衬有四层，一般西服顶多也就三层。
4. 哦，您问这款的价格，标牌价是 5 890 元，现在有优惠，六折，如果买两套还赠送马甲。
5. 您好，我是这里的营业员，叫小陈。
6. 您好，您需要西服是想上班穿，还是出席婚礼宴请呢？

你可以用数字随机组合一下，看应该怎么说，也可以琢磨一下，觉得应该怎么说。

接待客户是销售顾问最基本的动作。在接待的过程中，你期待客户出现什么反应？

点头，微笑，表示赞同，愿意体验一下，问价，夸奖你的产品，掏钱成交。这就是客户的七个可能的反应。你认为交谈的过程中，这七个反应的出现有没有次序？如果你觉得有，那就进一步思考应该是怎样一个次序。

用脑拿订单的一个思路就是，将销售过程都想透彻、想彻底、想明白了，然后出手都是符合次序、符合规律、满足因果的，那么最终便会完成订单。

不同的次序会有不同的结果，表 3-1 是某次销售过程中两位客户反应行为的统计数据：

表 3-1 某销售过程中两位客户反应行为的次数

行为	A 客户次数	B 客户次数
点头	3	0
微笑	7	0

续前表

行为	A 客户次数	B 客户次数
口头赞同	2	1
同意体验	1	1
问价	1	3
赞扬	3	1
付款	1	0

从表中可以看出，A 客户购买了产品。表 3-2 是同一次销售过程中销售顾问行为的统计数据：

表 3-2　某销售过程中销售顾问反应行为的次数

行为	A 销售	B 销售
表示热情	3	0
表示帮助	2	2
介绍产品	1	5
回答问题	2	5
介绍自己	2	1
提问	3	0

在销售过程中，如果客户微笑了，就更容易点头，点头了就更容易口头认同，进而更容易同意体验，然后可能问价，可能会赞扬你的介绍，最后下单的可能性更高。所以，客户的 7 个可能反应的次序是（见图 3-1）：

1. 点头；
2. 微笑；
3. 表示赞同；
4. 愿意体验一下；
5. 问价；
6. 夸奖你的产品；
7. 掏钱成交。

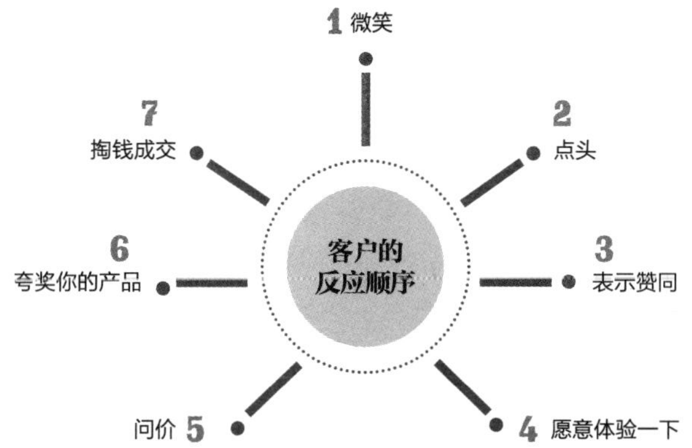

图 3-1　客户的 7 个反应顺序

那么，现在的问题转变为：企业培训过让客户微笑的方法吗？培训了很多次产品说明、企业介绍，却没有培养人与人交往最基础的能力——让对方笑出来。不是说相声，而是交谈中三言两语让对方笑出来。比如介绍自己的名字：

> 我叫王启。我不太喜欢我爸给起的名字，我觉得“启”字不好。你看王宝强他爸给起的名字多好，如果由我自己起名，有好多选择呢，比如“王者”“王上王”，这多好啊。结果上学时同学给我起外号，叫“王说”，因为我爱说话，于是我就当了销售。
>
> 我叫刘晨，应该是早晨生的，我其实挺喜欢这个名字的，不过读书时看到刘备，觉得这个名字也不错，后来悄悄将作业本上的名字改成“刘备”。没想到，上初中时班里有一个同学叫关雨常，我们一下就成了好朋友。我的朋友那么多，就是因为我改名为刘备了。这不朋友多，所以做了销售。

你的名字有一个诙谐的介绍方法吗？轻松幽默，诙谐通俗，能够让人放松。对方一旦放松，就能够听进去你讲的话，接受你给出的信息。介绍自己的产品，也要有幽默的说法，比如：

你看我们这台冰箱，高 1 644 毫米，也就是 1.644 米。开始我也记不住，后来突然想起小学的时候学历史讲过 1644 年，那一年中国出了大事，明朝没了，崇祯皇帝上吊了。当时微信上都传开了，疯转啊。结果，李自成号称当了皇帝。没有想到，同一年，顺治来了，清朝开始了，微信群立刻都改满文了。这就是我们这款冰箱，高 1 644 毫米。

与人打交道时，最初五分钟之内要设法让对方笑出来，哪怕是让对方嘴角微笑，两边上扬，或者表情放松下来。销售是与人打交道的工作，而且往往都是从陌生人开始打交道的，所以第一步一定要记住：让客户笑一下。

测试题 THINKING GAME 2.0

|选择题|

1. 销售过程就是与客户交谈，交谈中最重要的就是：
   A）让客户知道产品价格便宜
   B）让客户知道产品有价值
   C）让客户信任销售顾问
   D）让客户笑出来，多笑几次
2. 在介绍产品功能特点，尤其是产品硬邦邦的技术数据时：
   A）应该强调数据与同类产品比较处于领先
   B）应该强调数据的严谨和专利研究
   C）应该强调数据联想到的生活小故事
   D）应该强调数据带来的实际好处
3. 巧妙地向客户介绍自己的名字，这么做要实现的第一个目标是：
   A）让客户记住我　　B）让客户信任我
   C）让客户对我有好感　　D）让客户买产品

|思考题|

1. 请用三种方式介绍自己的名字。
2. 请选择自己产品的一个数据，思考如何介绍这个数据。

/ DAY 6 / 关注客户的心理变化

关注次序能够让人轻松，让人点头。我做销售的时候测试过，说完以下这段话，100 次中有 79 次对方会缓慢点头。

> 挖土机的声音是 70 分贝左右，多吵啊，您肯定听到过吧。国家标准规定室内家电噪音不能持续超过 48 分贝，我们这款冰箱只有 38 分贝，制冷时，您几乎听不到噪音。我们观察后发现，对噪音特别敏感的是家庭主妇，所以，我们设定 38 分贝完全是为在家时间最长的人考虑的。冰箱和别的电器不同，您看就没人对电视机发出的噪音不满吧，有时隔壁电视机的声音都能够听到呢。

客户听后点头，你知道是对哪个内容点头吗？

1. 挖土机的声音是 70 分贝，多吵啊。
2. 您肯定听到过吧。
3. 对噪音敏感的是女性。
4. 听到过隔壁电视机声音。

第一个是唤醒记忆，第二个是触动个人体验，第三个是常识看法，第四个是个人体验。客户点头不一定是对你推荐的产品点头，整个一段话中，也有介绍自己产品比较厉害的内容，“我们这款冰箱只有 38 分贝”。客户对整段话点头了，就是接收了我们产品比较牛的信息。这就如同给孩子吃药，药本身的味道又苦又涩，但是对身体恢复有用。于是制药公司在药片外面包上一层甜甜的膜，孩子将其放进嘴里后，舌头上甜丝丝的，吞咽下去，就是接受了你的一个信息。

想要拿下订单，就要关注客户的心理反应，所说所做都要暗合这个心理反应的步骤，每个反应都有很多的技巧可以实现。以上介绍了主动说话让人笑的技巧，包括介绍自己让人笑，介绍产品让人点头。

很多销售顾问没有接受过这样的训练，总是觉得销售产品要严肃、专业、正规，喜欢板着脸介绍产品，好像会议发言似的。而次序是要以客户的心理变化过程为依据，然后展开销售动作，推动对方心理变化按照预定的步骤进行，最终拿下订单。

正所谓：把枯燥的产品数字变成耐人寻味的传说，把难懂的技术术语变成喜闻乐见的故事。

测试题　THINKING GAME 2.0

|选择题|

1. 潜在客户与销售顾问的交谈过程中，哪些内容能够触发客户点头？
   A）听到了自己熟悉的词汇　　B）听到了自己心中认同的常识
   C）听到了销售顾问大幅让价　　D）听到了销售顾问介绍产品
2. 潜在客户在交谈中出现了点头的行为，这说明：
   A）对销售顾问有好感　　B）对产品有兴趣
   C）对销售顾问说的话题认同　　D）对销售顾问的说法存疑
3. 什么类型的潜在客户更容易点头：
   A）年老客户比年轻客户容易
   B）女性客户比男性客户容易
   C）感性客户比理性客户容易
   D）没钱客户比有钱客户容易

|思考题|

1. 为你的产品设计一个能够让客户点头的介绍方法。
2. 回顾你与客户交谈并令客户点头的过程，当时的话题和具体情况。

/ DAY 7 / 先谈价钱，还是先谈价值

常言道：先发制人。这个词的意思是两军对垒，先动手的能够制服对方。前人说过的这类定论很多，若是无条件接受，常常就会受累其中。

到底应该先发制人，还是后发制人？

所有产品销售的最后一步都是交钱和交货。而在最后一步之前还有一个步骤，就是讨论价钱。在这里，次序的重要性再次体现出来：是先谈价钱，还是先谈价值。

多数客户都是先关心价格，而销售顾问却一个劲儿地要将产品价值信息灌输给客户。这时你能否打动客户，就看你是不是理解了，**次序要以客户为核心，而不是遵从销售顾问自己定的次序。**

> 客户问："这个笔记本电脑多少钱？"（其实，每台笔记本上都有价格标签）
>
> 销售顾问答："这要看你要多大硬盘，多少内存，什么样的 CPU 速度。"

销售顾问的这个回答不是直接回答问题，而是想要扭转谈话的次序，向销售顾问为主导的套路上走。这时客户会怎么说呢？他们的心理感受如何呢？

> 销售顾问答："这个笔记本 3 800 元，我销售笔记本 8 年了，没有见过这个价格能有这么高的配置。"

这个回答中有两个环节：第一个是回答客户的问题，直接回答。第二个是自然引导。第一个好学，就是让客户得到他们所提问题的答案，直接得到。第二个不太容易模仿。如果你没有 8 年销售经验，就不知道该说什么了。

“没有见过这个价格能有这么高的配置”，这句话用在电脑销售上可以，用在单反照相机上也可以，用在冰箱、洗衣机、电视机、汽车上都可以。这就叫伏笔，它有两个作用，第一个是引发客户关注；第二个是拔高自己后面说的事实。想要让这句话的效果放大，就一定要暂停，不能连续说话。所以这时一定要停下来，让客户说。

客户有几个方向可以说：

A：“那么这款是什么配置啊？”

B：“3 800 元啊，有折扣吗？”

C：“你都干 8 年了。”就是对我透露出的干了 8 年的话题有反应。

D 是说什么的都有。比如：“我前面买的一个才 3 500 元呢。”这类就是说自己现在在用的笔记本。

实际上，销售过程中，客户答复 B 是销售顾问最不喜欢的。而 A 是能够走上销售顾问引导的方向的话题。

在北京中关村电脑城的一个笔记本销售公司，有一个销售顾问在网上与我建立了联系，但我们从来没有实际见过面。他一直给我写日记，坚持了三年多，现在已经是这个公司的销售部副总经理了。那时，他总会将白天接待客户时遇到的一些苦恼写出来。他写得很细致，我看了一段时间后，写了一个较长的回复，指导他该怎么回答常见的问价。他后来发给我的表格如下：

A	77
B	9
C	7
D	其他

这也是次序，一些销售顾问不回答客户的问价，而是语速极快、滔滔不绝地介绍功能优势，让客户无话可说。但客户最后还是会问那句话："那到底多少钱呢？"

在交谈中，对方问你的话要立刻回答，然后埋伏一句话，这句话中要有话题诱饵，能够引导客户咬钩，并进入符合对方心理又暗合自己长项的话题。

测试题 THINKING GAME 2.0

|选择题|

1. 在这里强调直接回答客户对价格的问题，主要目的是给客户创造一个：
   A）自信的态度　　B）诚恳的态度
   C）老练的态度　　D）幼稚的态度
2. 为了进一步体现自信，直接报价后，销售顾问要：
   A）停顿一下等客户说话　　B）强调自己，突出自身的价值
   C）告知折扣和赠品信息　　D）表明会提供免费送货服务
3. 用下面哪种话术强调自己的水平对客户的触动更深（假定这些内容都是真实的。不能用伪造的内容，因为只有真实的内容才会让你说的时候更加自信）：
   A）我销售这个型号的产品整整 6 年了
   B）我销售这个型号的产品，一个月就卖了 39 台
   C）我自己用这个型号两年了
   D）今年春节我给丈母娘送的礼物就是这款

|思考题|

1. 为客户询问产品价格设计三种答复方案。
2. 请回忆与客户交谈的过程，客户问价后你是如何回答的，以及客户的反应。

SALES GAME

04

不同的环节，不同的目标

KEY WORD

·关·键·词·

环节

一个目标在实现的过程中会经历很多阶段，每个阶段就是一个环节。

价值编码

将产品的功能折合为单位价格。

/ DAY 8 / 客户与销售顾问的交流

一件事情从开始到结束有多个阶段，每个阶段都有明显的区别。例如，刚开始，蚕卵是一个芝麻一样的小黑点，随着温度升高，黑点逐渐变成小虫子，蠕动着啃咬叶子，然后慢慢变成一个白色棉花球一样的东西，再然后会变成蛾子，之后又是一片小黑点了。这就是蚕发育的四个环节：第一个环节是卵，第二个环节是成虫，第三个环节是茧化，第四个环节是飞蛾。四个环节有明显的不同，比如形态的不同等。四个环节中，成虫环节时间最长，它也包含三个环节，即蠕虫、幼虫、成虫。

让我们从客户下单这个节点开始回放，整个流程是客户需要某样产品，看到这样产品，找到销售顾问，双方开始交流，客户决定是否购买产品。

第一个环节：客户有需求；
第二个环节：客户看到产品；
第三个环节：客户找到销售顾问；
第四个环节：客户与销售顾问交流；
第五个环节：客户决定是否购买。

重视线性思维的一个关键就是牢牢把握环节节点的目标，也就是说，在虫卵阶段，提供桑树叶子是没用的，应该用温热的毛巾每天早中晚为虫卵敷三次，三天后就能看到蠕虫。换句话说，就是在第一个环节没有必要把成交当做目标。

第一个环节的目标应该是：让更多的客户自我意识到有需求。
第二个环节的目标应该是：让客户看到产品的时候，有想拥有的感觉。
第三个环节的目标应该是：让找到销售顾问的客户数量更多一些。
第四个环节的目标应该是：交流后让客户想拥有的愿望更加强烈。
第五个环节的目标应该是：让客户尽快决策，不要犹豫。

以上环节中，前三个都是市场宣传部门的工作，不是销售顾问的工作，销售顾问只有在第四个环节才能够发挥作用。有些公司的销售业绩不好，于是将心思都用在销售顾问上，这就是错误的。没有来那么多客户，或者来的客户不是意识到自身需求的人，都是错误的市场匹配。

前三个环节我们将在第二篇重点讲解。线性销售的重点还是第四个环节，一旦客户接触销售顾问，销售交流就开始了。这个环节中能否再细分出更细致的环节呢？

答案是可以的：第一步，巩固客户心中的需求；第二步，赢得客户的信赖；第三步，深入讨论产品的价值与价格；第四步，推动客户下决心（见图 4-1）。

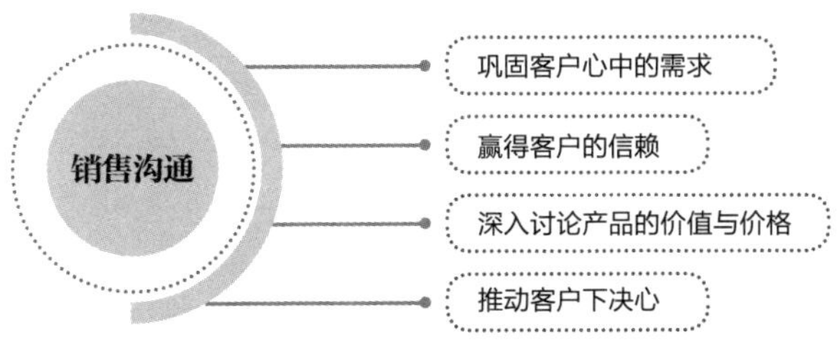

图 4-1 销售沟通的四个步骤

测试题 THINKING GAME 2.0

|选择题|

1. 如果你看到小区门口有人发传单，接过来一看是健身房的就随手扔了，这说明你在哪个环节：
   A）第一环节　　B）第二环节
   C）第三环节　　D）没有进入环节
2. 如果你看到小区门口有人发传单，接过来一看是健身房的就随手扔了。你看到很多人都随手扔掉了传单，但那个人还是继续发，那么让他来的企业认为这个小区的人有关健身这事儿在哪个环节：
   A）第一环节　B）第二环节　C）第三环节　D）第四环节
3. 如果有人将拿到的传单留下了，那么，你认为这个人处于哪个环节：
   A）第一环节　B）第二环节　C）第三环节　D）第四环节

|思考题|

1. 请大概设想一下，你的产品的客户中处于第二环节的在哪里？
2. 请思考应该向还没有需求的市场传递哪方面的信息，培养他们的需求？

/ DAY 9 / 巩固客户心中的需求

销售沟通的第一步是巩固客户心中的需求。在这一步中，无论客户问什么，销售顾问在这个环节的核心目标只有一个，就是巩固客户心中对产品的需求。具体做法有三个：

1. 引导客户想象自己用上产品以后发生的变化。
2. 引导客户了解目前使用这类产品的那些人。
3. 这些人都是怎么使用的。

无论客户问什么，你都能够自然地过渡到以上的三个话题吗？让我们看看实际情况：

客户问："这台单反照相机多少钱啊？"

客户问："这种门防火吗？"

客户问："保修期多长啊？"

客户问：……

以上所有问题都可以统一回答：

您这个问题真是直截了当。我记得做销售顾问一年来，您这个问题是问的第二多的。这台单反相机售价 5 900 元，我以前的客户买了，用一段时间回来后，还是要升级到 7 800 元这款。他们都是挺专业的摄影爱好者，最在乎的就是防抖、高速连拍和自动对焦。另外，热爱运动的摄影者也喜欢购买这款。

你要学会的就是其中可以自由替换的部分，再比如：

您这个问题真坦率，不是所有门都防火，不过很多家都说自己的防火。您看我们这门的厚度，再看门中间用的材料。旁边那家的客户看完我们的都回去退订，然后来我们这里订购了。我们安排上门安装时才发现，好多客户都是花卉小区的。您知道那里都是两万多一平米的楼盘吧，他们入住后还会回来换我们的门。

很多企业训练销售顾问熟悉话术，要求他们背诵下来，以应对各种客户的各种提问。这些销售顾问如同录音机一样，遇到问题后把背诵的话说一遍。他们的眼睛没有光亮，脸上没有表情。客户与这种人交往的第一个瞬间，就能够感觉到好像面对着一个僵尸。

我在本书中主张将话术训练提升到话题模块。模块是以功效为导向的，说的话都是自然的，发自内心的，只要把握核心要诀就可以了。上述句子中的要素是：

- 肯定对方问题：您这个问题真是直截了当，您这个问题真坦率……
- 直接回答对方问题：5 900 元，不是所有门都防火……
- 引入其他客户做法：还是要升级，退订……
- 描述这些客户的特征：挺专业，花卉小区……

根据这个套路，你可以自己设计话术，不用背诵，只要自己了解意图，并理解了上述结构，就可以创造出 N 种说法。但这些说法都应是真实的，不能欺骗客户，要从以前的销售过程中寻找具体的事例来丰富自己的说法。**说话就是生产力，说话价值一个亿。**

测试题 THINKING GAME 2.0

|选择题|

1. 引导潜在客户想象自己用上产品以后发生的变化，这个目的本质是什么？
   A）想象用上产品后发生的变化，能够消除眼前掏钱时的失去感
   B）让客户理解更多的功能，觉得物有所值
   C）通过展望具体情景的用途，了解产品更多的功能
   D）创造现场体验的感觉，进而创造能够打动客户的心理张力
2. 启发客户去了解目前使用这类产品的那些人的核心本质是什么？
   A）创造从众感觉　B）创造群体归属感
   C）利用攀比心理　D）证明产品有市场
3. 不能说谎话，自己又没有类似经验，用以下哪个途径得到的例子进行说明最好？
   A）向老销售顾问请教真实案例　B）向销售主管请教真实案例
   C）向过去采购过的满意客户请教　D）向竞争对手的销售顾问请教

|思考题|

1. 请教一位对你销售的产品满意的客户，听听他们使用后的说法。
2. 无论作为销售顾问，还是作为客户，你是否体验过背诵销售话术的感觉？回顾一下并谈谈你的感受。

/ DAY 10 / 赢得客户的信赖

销售沟通的第二步是赢得客户的信赖。在这一步，如果说说话就能够赢得信赖，你相信吗？

交流过程中要有人，要有自己作为一个鲜活的人的因素。比如之前提到的“我在这里做销售 8 年了”，就是个人融入的典型例子。“我做销售顾问一年多”，这些都是在话题中自然提到自己，提到自己的经历，提到自己做销售过程中学习到的东西。提到自己的这些话语会给客户留下什么印象呢？或者说会让客户产生什么感觉呢？作为读者，你自己想一下。

第一个感受就是，真实，觉得眼前这个人真实。哪怕你做销售只有一个月，直接说出来也能够让对方觉得你真实，同时也或许会觉得你对产品可能不熟悉。这时就是你扭转的时候了，如果你能够熟练地介绍产品，就会给对方留下好印象。于是带来了第二个感受，评价。觉得你真实之后，客户就会在这个基础上评价你说的话。无论你介绍产品，提到公司，还是讲产品价格，客户都容易信任你。这都是基于第一个感受，觉得你真实。哪怕你只提到自己对自己名字的解释，也能够让客户感受到你的真情实感，觉得你可信。第三个感受就是记忆，给人真实感觉的人容易被别人记住，无论是记住你的名字、的容貌，还是说话的节奏、语气，都能够强化对方对你的感觉。

这就是第二步中赢得客户信赖要学会的话题。现在就开始给自己创造 10 个自我介绍的话题吧，就是三言两语就能够提到自己的小段子。别再转发朋友圈里嘲笑类的段子，要学会设计对自己有帮助的话题，例如：

1. 介绍自己的名字，一分钟就行。
2. 介绍自己目前的工作，一分钟就行。

3. 介绍自己的专业，一分钟就行。
4. 介绍自己对眼前工作最喜欢的细节。
5. 介绍自己对眼前工作最不喜欢的细节。
6. 介绍自己的榜样，向谁学习。
7. 介绍自己自豪的优点。
8. 介绍自己过去的失误，以及学到的教训。
9. 介绍自己看过的电影。
10. 介绍自己上学时印象最深的老师。

在进行介绍时，可以运用三个窍门：

1. 表达自己的喜欢或不喜欢；
2. 表达自己对过去事件的看法；
3. 表达自己对未来发展的期待。

这些都是话题的设计。话题话术高明，是因为话题是符合自己情况的设计，而不是依靠记忆力背诵别人编好的说法。自在，真实，这样的销售顾问只需要与客户交谈 3 分钟就能够得到认同，自己的感觉也会很好，从而能够渐渐获得对自己销售能力的自信。

测试题 THINKING GAME 2.0

|选择题|

1. 销售交谈过程中，一旦人们感觉出来销售顾问是在背诵资料，就没有兴趣了。其背后的心理机制是：
   A）背诵话术的都是新销售　　B）背诵话术的就是机器
   C）背诵话术的多数是假话　　D）话术内容都是事先编制的
2. 如果不背诵话术，以下哪个训练方法最可靠：
   A）理解意思用自己的话说　　B）理解意思与家人交谈
   C）理解意思后找朋友练习　　D）理解意思后对着镜子说

3. 做销售就是要会聊天，那么聊天的线索从哪里来：

A）多看电视听广播　　B）多看报纸杂志

C）多看书多写笔记　　D）多聚会多唱歌

|思考题|

1. 你能够讲一段个人经历吗？可以讲3分钟的，约400字。
2. 请讲一段你销售产品的故事？可以讲3分钟的，约400字。

扫码获取第一篇1~10天的测试题解析

/ DAY 11 / 深入讨论价格与价值

销售沟通的第三步是深入讨论产品的价值与价格。在这一步中，价格与价值这个话题并不是一个谁先谁后的优先次序问题，而是必须按照客户心目中的次序，以客户心目中优先的价格为先。满足了客户对价格的疑问后不能停下话题，要不断地引导其进入自己的话题。

客户问道：这辆车多少钱啊？

回答：这款S350售价77.4万元，重2 655公斤，合291元/公斤。另外一款号称豪华车的雷克萨斯300H和这款售价差不多，75.2万元，2 145公斤，合350元一公斤。这还真不是卖铁，而是卖的安全保障，重量多出500公斤，那就是刹车少滑行6米。也许多了这6米，人就容易受伤。

你说这铁值不值？所以人们经常说有的车轻，刹车时打滑，开快了就会飘起来。

客户问道：这款大班台多少钱？

回答：7 180 元。知道吗，这款大班台共 18 个制作流程，相当于 398 元一道流程。其他的有的报价 2 800 元，但连木头除菌、风干、塑形等流程都没有，算下来一个流程合 700 元，遇到潮湿天立刻起毛。价格都在制作流程中啊。

销售顾问在报价中首先明确回答了客户的价格问题，并立刻将注意力转移到对应的价值上，这种报价方法就是一种价值编码。通过将价格分解到自己产品的独特价值上，提醒客户关注与自身有关的价值点。

改变客户喜欢比较产品总价格的习惯，将他们的关注点转移到产品的细节上。

如果你销售的是雷克萨斯车，那就将价值点转移到省油上，比如“这款车油耗每公里 2.8，奔驰不只油耗高，刹车片多少钱啊，一副就是 2 400 元，3 万公里要换一次，我们这个一副也就 800 元，你看这价格差距”。

价格与价值这个环节只有这一招，给客户留下深刻印象，令他难以忘怀。现在，请试着为自己的产品设计三个价值编码的说法，下次再有客户问价，就可以试一下老师教你的法宝。

即使你使用了这一招，也不要认为客户就不会还价了。所有客户都希望能够得到折扣，能省一元是一元。万水千山总是情，少给一元行不行。

您说打个折，77万的车我给您减3万，也就是底盘卸下100公斤的东西，您看怎么样？那肯定不行啊。

让价，不是在讨论价格与价值的环节使用的，而是在客户准备决定时使用。这就到了销售环节的最后一步，推动客户下决心。

价值编码就是将自己产品突出的地方均摊到价格中，这样就把客户对价格的注意力集中到了价值上，等于把价值变成了具体的数字。

测试题 THINKING GAME 2.0

|选择题|

1. 请问，如下哪一个说法属于价值编码：
   A）我们的材料精选，所以价格高
   B）我们的茶叶香味独特，当然价格就高
   C）这茶叶78元一两，说实在的，其中70元是满足鼻子的
   D）你看这精包装送礼拿得出手啊，所以价格高
2. 有关价值编码的说法就是一个法宝，一定要：
   A）把一个说法练习得滚瓜烂熟
   B）预备至少3个特性的价值编码
   C）把所有产品都练熟
   D）尝试将各种产品用价值分解价格
3. 如果一件产品有多个方面的特色，就可以编制多种方式的价格编码，这样就可以：
   A）每天换一个说法
   B）更加灵活
   C）根据客户关注的功能有针对性地用价值编码
   D）在平时对各种物品进行多种价值编码的练习

|思考题|

1. 请给你的产品设计一个价值编码。
2. 假设你要找工作，希望月薪 15 000 元。请用价值编码的方法来介绍自己。

/ DAY 12 / 推动客户下决心

销售交流中的每一步都是必争。现在让我们进入销售沟通的最后一步——推动客户下决心。

开启最后一步要满足三个前提：

1. 面对的是决策人。
2. 他已经表现出认同价值的意向。
3. 他当下拥有支付的能力。

这三个前提都满足了，才可以使用推动决策的动作。**推动客户购买不能用催单的次数来达到目标，而应该依靠语言中的内容推动其下单，**你可以从以下三个话题入手：

1. 产品存货不足了。
2. 价格要向上调整了。
3. 现在有权力给赠品。

要确保以上说法不能是谎话，都必须基于事实。

如果产品存货有的是，就要找到几批产品之间的差异，比如，“这是德国原产 E280 的最后一批了，后面再来的就是北京厂组装的了”，这也是一种稀缺。

如果客户已经看中了产品，倾向于购买，开始问能不能让价，那么，此时销售就不回答能不能让价，而是直接使用决策推动话题，“这是德国原产最后一批了”，让客户自己体会还能不能让价。

“价格要上调了”是要让客户心里产生担心失去的感觉，有了这种感觉，才会急于把握住，这是客户自己心里引发出来的采购动力。作为销售，你只是运用了绝妙的说法。

有权力给赠品是让客户知道，“您要的折扣我没有权力做，不过我能够把自己所得的佣金都让给您，价值 77 万的车，我只能赚 3 500 元。另外，我可以送您免费的脚垫、腰靠、头枕，只有今天可以，因为我今天已经成交两单了。”

再强调一遍，以上信息必须是真实的，不能欺骗。另外，这里还有一个前提，就是当客户要找你的经理时，你的经理必须与你配合，告诉客户没有折扣或产品太紧缺。

推动客户尽快作出采购决策的动作有三个，不要同时使用，一次只用一个，要学会约束自己。时间长了，你就能够赢得回头客，并得到他们的信任。

测试题 THINKING GAME 2.0

|选择题|

1. 客户听了你的介绍后问你能不能打折。你告知今天下单就可以有折扣，并告知最低可以做到 75 折。这时客户说要回去跟老公商量一下。这说明你没有核实：

A）眼前这是决策人　　B）客户认同了你的产品价值

C）客户当下就有支付能力　　D）客户真的有实际需求

2. “您看现在刚六月，四月下来的这批清明茶就剩最后六罐了。您看罐底的采摘日期。您说这么俏的货，老板能允许我们销售顾问降价卖吗？跟您交个底儿，这是老板的一个朋友让留的，结果您猜怎么着，前天说中纪委约谈，就再没有联系上了，老板才让拿出来。您看见了，我才介绍。”这个说法实际上是：

A）产品存货不足了　　B）价格要向上调整了

C）现在有权力给赠品　　D）产品热销

3. 推动客户决定购买的三个话题的核心都是同一个，那就是：

A）创造客户畅想未来的感觉　　B）创造客户信任我的感觉

C）创造客户认同产品的感觉　　D）创造客户今天错过将失去的感觉

|思考题|

1. 请为你的产品设计一个价格要上调的说法。
2. 请为你的产品设计一个产品存货不足的说法。

/ DAY 13 / 每个环节都以过渡到下一个环节为目标

人与人打交道时不是一个人自言自语，而是要回复对方说的话。客户有时会提问，有时也会讲自己的情况，他们讲自己的情况时，多数都是自己过去的体验。这时就轮到你说话了，你要让客户感受到幽默、外向、开朗，然后才是真诚、可以信赖，接着才是认同产品的价值，最后就是讨论价格并争取最划算的折扣。

销售就是交谈，是人与人的闲聊，却各自有各自的算盘。你是不是掌握很多的话题，是不是能够让人微笑，是不是能让人开心，能不能带领别人憧憬未来，能不能带给别人积极、乐观、向上的感觉，这才是销售过程中每一个环节都要注意的。

每个环节都是以过渡到下一个环节为目标的，交流中过渡话题要讲究谈话内容：承接，顺转，推波助澜，答疑，赞扬，听天由命，坦诚相告，实不相瞒，掏心掏肺，真心实意——都是以客户为中心，让其得到实现愿望的产品。再重复一遍，这个关键的线性流程有四个环节：

第一步：巩固客户心中的需求；
第二步：赢得客户的信赖；
第三步：深入讨论产品的价值与价格；
第四步：推动客户下决心。

测试题 THINKING GAME 2.0

|选择题|

1. 请问，应该在哪几个步骤尽量赢得客户的笑容：
   A）第一步巩固需求　B）第二步赢得信赖
   C）第三步价值编码　D）第四步推动决策
2. 哪个步骤可以采用价值编码：
   A）第一步巩固需求　B）第二步赢得信赖
   C）第三步价值编码　D）第四步推动决策
3. 哪个步骤要尽量在锁定客户有决策权后才启动：
   A）第一步巩固需求　B）第二步赢得信赖
   C）第三步价值编码　D）第四步推动决策

|思考题|

1. 回顾环节这章内容，你印象最深的是什么？
2. 请对比自己的实际销售情况，你认为本章中能够用上的知识有哪些？

SALES GAME

05

测量数据，识别思维中的误区

KEY WORD

·关·键·词·

测量

按照一个度量标准测出具体数值的过程。

效果如愿比例

某件事情的实际效果与期待效果之间的比例。

单位时间效果

一个时间单元内完成效果的百分比。

/ DAY 14 / 测量的基本概念

销售过程中有很多不可测的部分，也有很多变量。例如，之前讲的销售沟通中的对话，并不是你每天面对潜在客户要说的话，可能内容不都对，次序也不一定都对。

现实销售过程中，最常见的是接受了销售培训的人员开始接触客户时，不分青红皂白把培训中学到的所有手段、方法、工具、话术、话题一股脑地全部用上，而且是用到几乎所有客户身上，那么，销售成交的结果其实也就是碰运气了。

只有采用科学的销售方法，才能够真正提升销售业绩。科学的一个特点就是用数据说话，不靠感觉和运气，而是依靠发现的规律，其中最重要的一条规律就是测量。测量分为三种：

1. 自我效果测量：效果如愿比率。
2. 自我时间测量：单位时间效果。
3. 同类比较：所处位置，原因查找。

第一、第二都是内在的，就是测量一个销售顾问的数值。第三就是将该销售顾问的数值与其他销售顾问的，尤其是优秀销售顾问的数值进行比较。然后，就可以确定标杆，找到标杆下的销售顾问，进行针对性的环节训练，从而改善其销售动作。

确定了测量的方向后，我们还需要找到一些销售环节的测量点。实际上，所有的环节都是可以测量的，可以进行纵向比较，就是线性环节之间的比较，比如哪个环节效率最低，哪个环节流失的客户最多；也可以进行横向比较，比如不同时段、不同销售顾问、不同地点、不同产品。建立系统的测量数据体系，然后再聚焦到具体的环节进行细致的分析和比较，这就是科学的销售方法。

测量与分析可以让我们从平时本能直觉的销售思维中认识到误区。不管遇到什么客户，都把销售沟通中的四步用尽，等到客户再来时，你就没有其他手段了，无非就是重复进一步让价，并送更多的赠品，削减企业应得的利润。

这就是测量。测量能够揭示我们模糊看到的规律，矫正我们凭借感觉得到的错误认识。

测试题 THINKING GAME 2.0

|选择题|

1. 如果销售顾问顾问经过系统的销售培训后，对所有客户都把所学的销售沟通中的四个步骤全部用上，这样会：

A）导致成功比率下降　　B）导致销售额提高

C）销售顾问会得到成长　　D）客户越来越多

2. 销售效果指的是：

A）销售额越多越好，超过预先计划才好

B）之前要有销售预期，达到就符合效果

C）每个销售顾问的销售业绩都符合预期

D）每件产品的销售量都符合预期

3. 单位时间效果的意思是：

A）一个月的营业额　　B）一年的营业额

C）销售顾问每天销售的数量　　D）销售顾问每小时销售的数量

|思考题|

1. 请回顾你从事的销售活动，看看你的企业现有哪些方面的数据。

2. 请思考，如果将所有学到的销售技巧对所有客户都使用，将会怎样？

/ DAY 15 / 销售环节中的测量点

让我们回顾一下第 1 天学到的销售过程：

表 5-1　　销售过程的转化率

销售过程	9:00 ~ 10:00am	转化率	10:00 ~ 11:00am
第一步：让人来看：通过吆喝，展示，试吃	28		41
第二步：让人触摸：将样品摆放出来，方便人们看到，并动手感觉	12	12/28 = 0.428 6	17
第三步：配合讲解：说明产品有什么好处	5	5/12 = 0.416 7	5
第四步：回答对方的问题	3	3/5 = 0.6	4
第五步：鼓励对方决定	2	2/3 = 0.666 7	3
第六步：交钱购买	2	2/2 = 1	1

看了这个表格，你能够得出什么结论？

以上销售过程中都包含了测量，第一步到第二步之间的转化率就是一个数值，第二步到第三步之间也是，第三步到第四步之间，第四步到第五步之间，第五步到第六步之间，这就已经是五个数值了，这五个数值能够用来做什么呢？

以上销售过程的 6 个步骤有可能发生在任何时间、任何地点、任何销售顾问中。那么，至少就有三类比较：

1. 时间节点比较。比如，将上午 9 点到 10 点之间的数值与上午 10 点到 11 点之间的数值进行比较，也可以比较上午 11 点到 12 点的，这样可以找到哪个时段的数值最好，哪个时段的数值最差。
2. 地点节点比较。可以是超市内、专卖店内、大型卖场、路边摊贩，通过比较也可以找到数值最佳的和最差的。
3. 对不同销售顾问的数值进行比较，找到最佳的和最差的。

收集大量数据的主要作用就是用来进行比较，通过比较才能够得出结论。比较的目的有两个：

1. 建立标杆，合理预期。任何东西都不是越多越好，也不是越快越好，而是应恰当，也就是合理预期。比如，第一步到第二步合理的转换比例应该是多少？连续 30 天记录上午 9 点到 10 点的数据，然后找到一个中等偏上的数值当做标杆数值。
2. 比较优劣，找到原因。找到那些低于标杆的日期和高于标杆的高数值日期，然后深入比较这些日期的其他差异。比如，高于标杆的那天主推的都是家用食品，而低于标杆的日子主推的都是日用产品。

测试题 THINKING GAME 2.0

|选择题|

1. 对企业销售管理来说，能否建立一个合理的预期，将会影响销售业绩指标的合理性。建立合理预期的实际好处有很多，最具体的是：
   A）能够完成目标，从而建立自信心
   B）不必为一个过高的目标投入过度努力
   C）能够稳步发展，而不是一口吃成胖子
   D）适应市场节奏，建立科学理性的模式
2. 找到合理标杆后，将高于标杆与低于标杆的日子进行比较，应该优先寻找：
   A）销售顾问的因素　B）产品不同的因素
   C）其中客户群体不同的因素　D）其中时间不同的因素
3. 科学的销售管理的重点应该是：
   A）对销售顾问能力提升的推动　B）对产品销量规律的把握和运用
   C）对市场客户群体模式的运用　D）对竞争对手行为准确的预测

|思考题|

请思考，按照规律，你一天应该喝多少水？你采用了什么方式来落实这个指标。

/ DAY 16 / 测量数据的用途

现实中，多数销售顾问总是不分青红皂白，见客户就推一把，于是，到最后下单的还不到 10%。请自问：

1. 你以前考虑过这个数据吗？
2. 如果你手里有这个数据的话，你预期应该是多少会比较合适？
3. 提高这个比例有哪些方法呢？

表 5-2 是一位雪佛兰销售顾问积累的数据：

表 5-2　雪佛兰销售顾问的积累数据

日期	5 月 5 日	5 月 12 日	5 月 16 日	5 月 21 日	5 月 25 日	平均
推成比例	1/4	2/7	2/5	1/5	2/7	—
百分比	25%	28.57%	40%	20%	28.57%	28.43%

这就是这名销售顾问对客户采用了最后一推后拿到订单的比例。这个车行还有另外 5 名销售顾问，连续 8 个月占据前两名的销售顾问的这个数据是：56%。收集到这些数据后，我们：

1. 建立了标杆：45%。
2. 找出低于标杆的销售顾问：4 名。
3. 提供每天一小时特别针对性训练：最后一推的前提判断，并减少最后一推的数量。
4. 监测每天数据。

到 9 月，这个车行最后一推成功的比例提高到 65%，这个销售顾问从 5 月的一个月销售 8 辆车，提升到 8 月的一个月销售 24 辆车。客户初次拜访没有实行最后一推动作的客户反而会在一两周后回来，这时使用最后一推就成功了。

提高这个比例的实际意义是：令销售顾问的销售交谈方式出现了变化。

1. 尽量判断客户是否出现三个信号。
2. 更加关注客户的需求和偏好。
3. 更加慎重，保护了价格底线。

回头客数量提高，第二次、第三次再采用最后一推的成功率也就提高了。

你对 100 个客户使用最后一推的话题，肯定会期待 100 个人最后都下单。

不过，如果真是这样，那只有三种可能：

1. 你销售的产品太紧俏了又符合客户需求，要不就是价格便宜而市场严重短缺。
2. 这些客户的购买与你最后一推的关系不大，而是竞争导致。例如同类产品其他地方都已经涨价了，你因为不知道所以还没有来得及涨价，结果快速销售一空。
3. 你选择最后一推的人数太少了。一些客户已经成熟了，而销售顾问却没有采用最后一推，因此错过了推一下也许就能够拿单的潜在客户。这样的例子在现实生活中也有，浙江之星的一个销售顾问就是这样。他的推成比高达98%，但销量很低。在接受了针对性培训后，他的销量提高了，而推成比下降到 67%。

测试题 THINKING GAME 2.0

|选择题|

1. 如果对每一个客户都把销售沟通的 4 个步骤都用上，这样：
   A）挺好的，尝试拿单总是没错的
   B）就当销售顾问的锻炼吧
   C）对还没熟的客户使用失败后，这个客户就不会回来了
   D）对销售顾问观察判断客户不利
2. 熟了的客户是指以下哪个阶段的客户：
   A）处在收集产品资料阶段的客户
   B）处在了解自己需求阶段的客户
   C）处在想好了、也有钱、能决策的阶段的客户
   D）处在还想多体验以匹配自己需求的阶段的客户
3. 同类比较指的是：
   A）不同销售顾问的销售业绩，他们的产品一样且展厅一样
   B）不同销售顾问面对不同客户
   C）同一家企业不同销售顾问的待遇
   D）工作经历不同的销售顾问销售同一件产品

|思考题|

1. 请写出你学习本节内容得到的启发，你会希望关注销售环节中的哪个数据？
2. 你估计你每天喝多少杯水？你觉得你的感觉与实际情况的符合程度如何？

/ DAY 17 / 测量的目的

很多企业有很多数据，但这些数据表示的都是最终销售结果，比如月销售额 23 万，销售量 3 900 台。他们完全忽视了销售过程是一个线性过程，而任何线性过程都有环节，每个环节都可以单独检测，并采取办法影响环节的转换水平。

测量是一个动作，这个动作颠覆了人类社会形态，结束了农业文明，开启了工业文明。当我们还在用手摸额头来判断孩子是否发烧时，工业文明发明了体温计，不仅可以精确地告知具体的温度，还能够确定人体常态的体温应该是 37 度，而超过 39 度，大脑部分神经系统被破坏的可能性就会提高到 40%（比如听觉神经受损）。这样，人类就想出了依靠冰块、冷水、凉毛巾让身体降温的办法。后来又制造出药物来降温，并能够精确地发现，使用这种药物大约一个小时能够降温，使用那种药物则需要三个小时，以及药物作用多长时间后会失效，并需要再次服药等。这一切都始于测量。

测量推动了工业文明，推动了大机器制造，推动了标准化，形成了超越语言障碍的统一规范，也奠定了科学发展的核心基础。测量不仅仅限于自然科学，也可以扩展到社会学科，比如销售和营销。

将广告投放到电视台还是当地报纸？投放到广播电台还是微博中？这些都不再是主观的臆断，而是通过对相应数据进行比较后得出的结论。销售顾问小王能力强，还是销售顾问小赵能力强？这不再是简单地比较谁一个月销售的汽车多，而是谁的接单转换率高，这就是测量的结果。

将一件产品投放到一个地区的南部好还是北部好？强调一件产品的电子化

功能容易销售，还是突出操作简单容易销售？这些也不再是所谓有经验的销售顾问说了算，而是依靠数据进行判断和比较得出结论。

没有测量，就只能摸摸额头，然后说低烧，具体烧多少，完全不知道。没有测量，销售和营销就是凭运气，没有复制和提高的机会。

目前与工业发达国家相比，国内企业销售队伍的表现水平还有很大的提升空间，主要体现在科学化过程这个思维方式上。有没有意识到这一点，是关键的一步。然后就是找到入手点，比如从推成比例入手，解决销售顾问随意使用销售工具、过度使用销售武器、把企业的销售价格阶梯用烂到最后无效的问题。

测试题　THINKING GAME 2.0

|选择题|

1. 要提高销售量应该重点关注：
   A）线性流程中转化率最低的环节
   B）线性流程中转化率最高的环节
   C）同一个环节不同时间节点中最低的转化率
   D）不同促销员同一个时间节点中最低的转化率
2. 销售管理这个领域，很多企业最常出现的错误就是：
   A）以最终销售额为参考数据
   B）以线性环节之间的转化率比较为参考数据
   C）以竞争对手的销售量为参考数据
   D）以老板想的数据为参考标准
3. 哪种方式比较出来的数据可以当做标杆：
   A）纵向比较得到的数据　　B）横向比较得到的数据
   C）对手比较得到的数据　　D）市场调研得到的数据

|思考题|

1. 评价你每天喝的水是多还是少，应该采用什么比较方式？
2. 请思考你的销售活动，应该从哪个地方入手寻找可以参考用的标杆？

/ DAY 18 / 对不确定的结果进行较确定的预测

连续收集 30 天的数据，就可以制作一个新的表格，对表格中的数据进行分析，就能够渐渐摸准合理的规律。准确把握销售环节与销售结果之间的对应关系，不仅可以有效地管理生产量，也可以科学地提高销售环节的效率，而不是盲目雇用大批低水平的销售顾问，依靠人海战术，用简单粗暴的高压手段对市场进行破坏。

科学的一个优势就是能够让人比较准确地预测未来，对不确定的结果进行比较确定的预测。这是测量的最后一个作用。

比如，有经验的销售顾问能够比较准确地预测回头客户，能够说出这个客户两周后肯定会回来。虽然这样的销售顾问实际上并没有可以依据的数据，但是他们会根据经验进行比较，并产生一个感觉。数据测量就是把这样的感觉显示出来。

把测量的整套思维运用在市场中、客户身上，以及对竞争对手的研究上，这极大地发展了销售管理的科学性，随后就进入到线性销售的预测环节。

测量可以从现实生活中入手。如果不落实到具体的行动，那些所谓的道理和规律就没有实际的用途。早晨起床到上班前必需的动作大概包括:穿衣、洗漱、早饭、出门、上路。以这五个环节为例开始做记录吧，记下每个动作的时间节点，连续 30 天后再看，也许你就有一点测量的感觉了。

测试题 THINKING GAME 2.0

|选择题|

1. 对一切事物进行测量，这个动作实际上是：

   A）人类文明之初就有的　　B）直到工业革命后才有的

   C）应该是大数据后才有的　　D）秦始皇起就有了

2. 通过学习本章，你应该学到的是：

   A）有关测量的科学性　　B）有关销售管理测量的思想

   C）有关测量的环节　　D）具体能够落实的地方

3. 本书第一篇的课程已经过半，该明确一下学习的具体目的了，你的目的是：

   A）学到立刻提高销售业绩

   B）学到立刻增加客户数量

   C）学到能够着手进行布局

   D）学到应该具体落实每一个细节

|思考题|

请谈谈你学习到今天的体会。

SALES GAME

06

客户数据分析，预测其下一步动作

KEY WORD

·关·键·词·

预测

对未来将要发生的事情进行描述，以及可能看到的结果的行为。

/ DAY 19 / 记录数据，发现规律

预测也会涉及测量，但视角转变为对客户的测量，不是客户数量，而是每个客户个体，通过对多个单一个体进行测量，从而找到线索和脉络。如果从来都不记录客户的情况，也就无法发现能够用来进行预测的规律。

小王是雪佛兰车行的销售顾问，这天下班前，经理问："小王，这周能成交几台啊？"小王笑哈哈地说："周六以前 12 台，肯定超过给我定的 8 台的量。"经理不解："你可别吹牛。"小王说："经理，我可是要么不说，说了肯定有。"经理说："今天星期三，你这才签掉 3 台。然后你说周六，也就是 3 天内，你有 9 台的单？"小王说："要不怎么着，经理，我们赌 200 元怎么样，我拿下 12 台，你输我 200 元，不到 12 台，我输你 500 元。"经理哈哈一笑："我也不能欺负你啊，就这么定了，不到 12 台，你掏 500 元，到了 12 台，我给你 500 元，对等。"

周六下午下班，小王拿着签好的 10 份合同，本周一共成交 13 台。

小王凭什么这么自信？因为他手里有一个笔记本，详细记录着以下 5 个方

面的数据：

1. 交谈超过 40 分钟的，3 天内下单；交谈 30 分钟的，一周内下单；交谈 20 分钟的，要主动联系邀请对方回来再看。
2. 交谈 40 分钟的，期间问价格的次数超过 4 次的，2 天内下单；3 次的，5 天内下单；2 次的，要回访并赠送小配饰。
3. 交谈期间提到卡罗拉的，两天内必须回访，并邀请对方回来再看；提到福特的，3 天内对方会回来下单。
4. 交谈期间问到雪佛兰售后保养维修条款的，3 天内下单；问到发动机排量、安全气囊的，5 天内下单。
5. 来访客户如果是一个人的，第二天一定要回访；如果是两个人，3 天内回访；如果是三个人，不用回访。

经理虽然输了 500 元，但他确实对小王另眼看待了。后来小王带了一个徒弟，这让他的销售更加如虎添翼。他让徒弟在他接待客户时专门做记录，比如客户问到价格多少次，客户提到哪些竞争品牌，客户看车时在哪个位置停留时间较长，等等。

测试题 THINKING GAME 2.0

|选择题|

1. 接待客户的过程中，客户一定会问到产品价格，那么：
   A）问价格次数越多，购买可能性越高
   B）问价格次数越少，购买可能性越高
   C）问价格次数看不出来购买可能性
   D）压价次数越高，购买可能性越高
2. 为什么小王的结论是提到卡罗拉一定要抓紧回访：
   A）因为卡罗拉省油
   B）因为卡罗拉服务好
   C）因为卡罗拉价格低
   D）因为过去提到卡罗拉的人多数都没有再回来

3. 为什么小王认为一个人来看车的一定要回访：
  A）因为一个人不会做出购车决定
  B）因为一个人回去要征求别人的意见
  C）因为一个人都是随便看看
  D）因为一个人开车都是懂车

|思考题|

回顾你的产品的销售过程，客户的哪些行为能够让你进行预测，并预测到什么？如果你没有销售任何产品，请回顾自己的购买经验，哪些行为其实已经表明你肯定要买了，只不过没有说出来。

/ DAY 20 / 推测客户内心真实的想法

请思考以下情景，你在购物的过程中，即使已经决定要购买了，也不会告诉销售顾问，对不对？你可能会说：我再考虑一下，我还要与老公商量一下，我多看几家，我没带银行卡等等。这些都是合理借口，不是撒谎，是内心对最后下单还有些犹豫，或是平时就有些优柔寡断。

你当时离开后又回去了吗？可能你自己没有详细统计过，有心的销售顾问却了如指掌。虽然你不想让对方看出来你已经决定购买，但是你的提问却打开了洞悉你心理的通路。比如，你可能问过：合同条款中签约后到交货的日期能把现在的 7 天改为 3 天吗？或者你问过：这是你最低的报价了吗？这两个问题都揭示了你的心理倾向：

1. 你近期需要这件产品。
2. 你对自己获得的报价不是非常满意。

以上这些思考并不是人人都会的，原因有两个：第一，不是人人都有这个意识，通过别人的行为、言谈话语来推测其内心的真实想法。第二，不是人人都能够留心就一两个具体的特点进行比较。

比如，销售顾问小王比较过，交谈中提到卡罗拉的客户再来的比率很低，必须第二天拨打电话跟进，而提到福特的就不用着急，因为过去的情况显示，这些客户多数都会主动回来。

如果你以前没有关注过这个视角，在学习了今天的内容以后，就可以开始培养自己的意识了。如果你觉得某个具体的细节在几乎每个客户身上都能发现，那就要记录下来，比如提到香型的客户后来都如何表现，那些当场下单的客户都问过哪些同样的问题。

能够预测客户的下一步行为，是有远见的销售理念。要有这个意识，并且要将这个意识变成习惯。这并不是今天下决心后明天就能发挥作用的，你至少需要 30 天的时间，或者至少预测 50 个客户下一步的行为，或者至少比较 10 个特殊细节。这些细节可以是问话，也可以是动作，还可以是客户与同行的人之间的交谈话题。

测试题　THINKING GAME 2.0

|选择题|

1. 在销售顾问与客户交谈的过程中，销售顾问滔滔不绝地讲自己的产品，如下这些信号都显示出客户已经没有兴趣听了，其中哪些是最早出现的信号：

A）手里拿起产品　　B）拿出手机滑开屏幕

C）目光不再看你　　D）对方手的位置提高

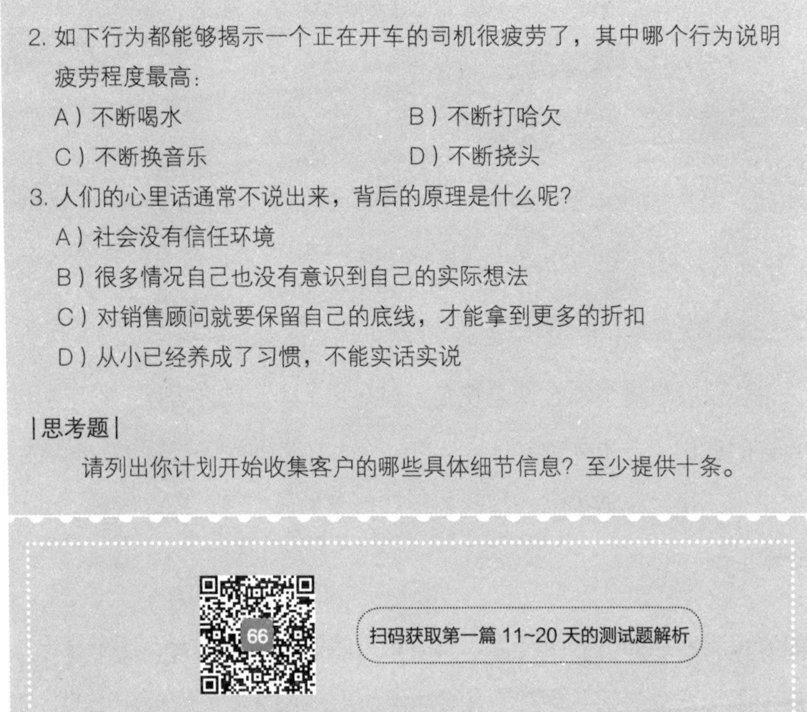

2. 如下行为都能够揭示一个正在开车的司机很疲劳了，其中哪个行为说明疲劳程度最高：

A）不断喝水　　B）不断打哈欠

C）不断换音乐　　D）不断挠头

3. 人们的心里话通常不说出来，背后的原理是什么呢？

A）社会没有信任环境

B）很多情况自己也没有意识到自己的实际想法

C）对销售顾问就要保留自己的底线，才能拿到更多的折扣

D）从小已经养成了习惯，不能实话实说

|思考题|

请列出你计划开始收集客户的哪些具体细节信息？至少提供十条。

/ DAY 21 / 影响客户采购心理的三个因素

预测客户如同预测天气。预测天气是要知道阴晴，预测客户就是要提前知道客户心中对采购的认识，对眼前产品的心理评估。预测天气需要了解自然规律，比如下雨前一天的高空气压、高空到地面之间的温度差、高空风速等。预测客户也是同样道理，因为影响采购的因素有很多，有些还非常深入。

影响客户采购心理的因素有三个：

1. 价值与价格的感受：竞争影响价格感受，销售说法影响价值感受。
2. 需求匹配程度：自我认识的程度，产品功能，产品类别，不同产品有不同的规律。
3. 支配权力与性格习惯：收入情况，家庭开支习惯等。

以上所有这些因素都可以通过观察得到，比如观察：

1. 客户的目光：聚焦与转移，是不是在找价格标签。
2. 客户手的动作：配合眼睛的动作，是不是进行价值比较。
3. 客户肢体前后倾向：转向调整的频率、速度。
4. 客户的提问：问题实质，问到价格、价值的次数。
5. 客户倾听：听到价格与价值时的面部反应。

这样能够预测：

1. 客户对价格是否满意？
2. 客户对产品将来的作用是否了解？
3. 客户认为产品功能与自己的需求之间的匹配程度是大还是小？
4. 客户对产品的采购是否有决策权？
5. 客户做出采购的决策大约需要多久？
6. 客户是否有朋友了解这件产品从而影响其决策？
7. 客户现在是否有足够的资金购买该产品？

一个人在选购单反相机时，拿起镜头看镜头边上的小字，说明这个人懂光圈、焦距，了解视角。向销售顾问询问关于滤光镜的问题，说明他比业余摄影爱好者资深一些。这些细节说明这个人关注产品价值。

同样地，一个人购买汽车、冰箱、家具、装修材料时，他的行为也能表现出其对产品价值的了解程度。作为一名销售顾问，你面对的挑战就是努力寻找客户的这些表现，并开始记录，然后与结果对照来看，一旦类似的记录超过 100 条，祝贺你，你手里可能有了预测客户表现的因素智能仪。

测试题 THINKING GAME 2.0

|选择题|

1. 所有的客户都不会告诉销售顾问自己对价格很满意。客户章三来看车，对销售顾问压一次价格，被婉转拒绝后又压了第二次，第二次对方没有婉转，而是直接拒绝了。章三不死心，聊了一会儿后又压一次，你能够猜到什么?
   A）章三对这个价格不满意
   B）这个价格可以接受，试探底线
   C）这个价格可以接受，不太信任销售顾问
   D）这个价格不能接受，不太信任销售顾问
2. 客户章三没有下单，五天后又回来找销售顾问说："我到城南一家车行了解了，他们比你们便宜 6 000 元。你还是不让价?" 这说明章三:
   A）别人确实给他让了 6 000 元
   B）其实没有，是用来压价的
   C）还是想从这里买车，最后一次试探
   D）不想从这里买了，回来气气销售顾问
3. 作为销售顾问，面对章三，你应该:
   A）让 6 000 元吧，今天要签单
   B）象征性让 1 000 元，今天不签，以后没有机会了
   C）还是坚持不让，顶多送一些脚垫、头枕
   D）请示经理，最后由经理决定

|思考题|

你能否回顾你在接待客户的过程中遇到的类似情况，压价，不让，再压，不让，然后怎么样了呢?

/ DAY 22 / 准确率超过 60% 的就是有效方法

销售属于社会科学，而不是自然科学。这两者的区别就是严格、严谨与差不多、大多数的差别。

自然科学要求每一个规律都要绝对正确，不能有一个反例，只要找到一个反例，规律就不能成为普遍真理。而社会科学并不是绝对的，尤其是在学习预测客户采购行为的时候。如果你使用一种方法预测了 100 次，其中超过 60 次都对了，说明你的方法有效，但还有改善的空间，改善后大约可以提升到 80%。社会科学无法做到 100% 的准确，只要能够预测到超过 60% 的情况，就已经实现了对销售过程的控制，达到管理成熟状态了。

如果你以前没有做过销售工作，刚开始从事销售工作时，在接待一个客户的过程中，应付客户提问、讨好客户、找话题聊天已经让你的大脑不够用了，你自然就观察不到所有的信号，也就不会得到将来有用的资料，整理不出能够用上的规律。这个时候，你要注意两点：

第一，不要有心理负担。哪怕直接告诉客户自己是新手，还不熟悉情况，仍在努力学习中也是可以的。这时，你的内心就没有负担了，也许就能够开始观察客户，并留心要关注的语言、眼神、举止等。

第二，要从成交客户那里提炼共性。开始接待时，你并不知道谁会最终成交，谁不会再来了，所以都要用心对待。事无巨细提笔就记，日积月累，你就能够从中找到规律。

测试题 THINKING GAME 2.0

|选择题|

1. 有一位销售顾问提出："老师，你教我们的这个规律不对。有一次，我销售产品就不是这个情况，客户压了好几次价格，我每次都请示经理，然后让一点，最后客户在我这里下单了。所以，遇到客户压价，要给客户面子，能够让还是要让一点的。" 这段话说明这个销售顾问：

   A）用自己的经验得到的结论是对的

   B）老师教的规律有时确实不能采纳

C）这个销售顾问认为销售规律是自然科学了

D）这个销售顾问认为销售规律是社会科学了

2. 客户问："这款沙发多少钱？"

销售答："3 999 元。"

客户说："太贵了，能便宜点吗？"

仅仅根据这两个回合的对话，你能够预测什么：

A）这个客户就是随口询价的

B）这个客户购买意向很高

C）这个客户不常来家具市场

D）这个客户购买沙发是老手了

3. 要观察、留心的内容太多了，以下方法都能够给你一些启发，最能够直接得到启发的做法是？

A）回顾失败客户上一次来访时的情况

B）回顾成交客户第一次来访时的情形

C）所有客户都要回顾

D）找满意的老客户聊聊

|思考题|

1. 请回顾一个你拿到订单的客户的情况。
2. 请回顾一个你丢掉订单的客户的情况。
3. 选择一个你看了二次或三次才购买的产品，回顾当时与销售顾问的交谈情况。

/ DAY 23 / 观察客户反应与激发客户

客户听到价格后，通常有如下反应：

1. 说太贵了，问能便宜点吗？
2. 说你的价格太贵了，城北那家一模一样的，便宜多了。

3. 说这东西不值这个价，便宜点就买。
4. 什么都不说，聊其他的。
5. 说再考虑考虑，然后就走了。

以上这些反应都不重要，你只需要密切关注以下三个要点（见图 6-1）：

1. 客户还价了没有：就是具体说出便宜多少。
2. 你要温和地告知客户，应该去便宜的那个地方买，然后问来这里的原因是什么。
3. 然后一定要问，客户要这个东西的急切程度，什么时候用，谁会用等。

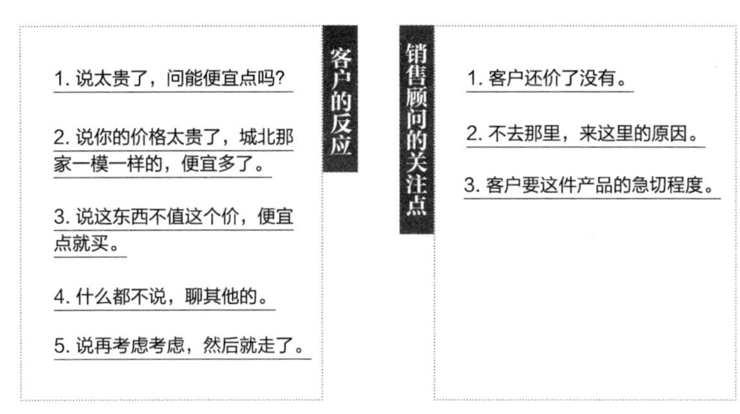

图 6-1 客户的反应和销售顾问的关注点

你需要刺激一下客户，才能够看出以上三点，刺激的方法有：

1. 问：你想便宜多少？城北到底多少钱？
2. 问：你什么时候去哪家看的？你以前用过这件产品吗？你为什么来我们家呢？
3. 问：你今天要吗？你家里有人等着急用吗？

问完这些，要注意观察对方的目光（你是否上过慧眼识人的课，要多观察对方的面部表情），然后是肢体动作。提了问题后，一定要停顿，要看着客户的眼睛，流露出诚恳的期待。回家对着镜子看看自己诚恳的样子，尤其是自己诚恳时候的目光，想象镜子里是你的父母、你的孩子、你的情人，你的目光会不会有变化。学会观察自己，就能够看出别人的细微反应。

你的提问就是给对方一个刺激，这个刺激能够激发对方的心理防御机制，不知不觉流露出内心倾向。急于辩解的那类客户，通常心里想的就是嘴上否定的事情。

“我想打对折。”——这明显不是他真正想的。
“别人家比你便宜 60%。”——这显然也不是真相。
“我昨天才去看的。”——别把他的话太当回事。

预测客户有两种方式。一种是观察客户的反应，通过观察那些成交客户的常见行为来摸索规律，在新接待的客户那里看到类似行为后，就可以启动预测模式，并核实成功率。

另一种就是激发客户，尤其是那种明显不太像真心购买的客户，不要有心理负担，不要怕得罪人。销售顾问与客户是平等的，不需要低三下四。双方应该彼此尊重，如果客户不尊重你，那你也不必尊重客户。当然，这并不是让你侮辱客户，或者看不起客户；而是说双方要坦诚交流，有一说一，自己的价格没有空间，就直截了当告知对方，不能委屈地做赔本买卖。

测试题　THINKING GAME 2.0

|选择题|

1. 在人们交流的过程中，对方一个反问提出来后，我们在回答时容易流露出内心真正的秘密，这是基于心理防御机制。人们在试图掩饰自己时，或是觉得被人怀疑后，会略微失态地快速辩解，或是表示不屑一顾，或是表示完全不可能。这个原理在销售过程中：

A）不能使用，会激怒客户　　B）可以使用，揭示客户内心
C）初学者不要使用　　D）对认可价值的客户不要使用

2. 以下哪句话更容易刺激客户：

A）你哪天去城北那家问的价啊？

B）你想用城北的价格压我是吧？

C）你知道我们家这种产品真正独到的地方吗？

D）其实，我让了价格你也不会买的吧？

3. 你报价后，客户说太贵了，就是想让你降价。你如果降了，就等于自己连续报价两次，现实销售过程中，还有连续报价三次的。这种情况导致客户仍然会不断地变换说法来压价，销售顾问会陷入无尽的被动中。这个核心原因就是：

A）销售顾问没有让客户说出他心中的价格

B）销售顾问第一次报价留的空间不够

C）销售顾问没有让客户彻底信服产品价值

D）销售顾问没有把产品功能讲透

|思考题|

请回顾过去一年中，你有语速快的时候吗？你提高语速是否为了要说明什么，当时情况如何？请详细回顾当时的情况，这可以帮助你更多地理解人。

/ DAY 24 / 刺激客户，观察反应，得出规律

我们完成了第 21 天学到的 7 个预测方向中的第一条，也是很重要的一条，现在让我们来尝试一下第 5 条：“客户做出采购的决策大约需要多久？”

你在以下一些对话中会有所发现：

1. 过问库存的话题：比如这款还有其他颜色的吗？
2. 过问时间的话题：比如下单多久能够拿到啊？

3. 过问销量情况：比如这个款式卖的怎么样啊？
4. 过问其他客户的情况：比如什么样的人会用这款啊？

以上四种信号都反映出时间上的需求程度，从 1 到 4，程度从强到弱。

如果你的观察能力超强，那么蛛丝马迹都能够囊括进来，并成为分析的对象，渐渐也就能够摸索出规律，并有机会体验规律，运用规律。如果你的观察能力不强，可以采用另一个办法，那就是有意激发。

重要的不是等待客户显露出内心决策的心态，而是激发。预测有两种情况：第一种就是自然等待，细心观察类似情况的出现；第二种就是激发。如果你知道上述现象能够反映出一个人的内心，那么你就可以激发。比如你可以说："这个款式是厂家尝试的新款，货不多，走得还好，我看一下啊，现在就三件了。"然后仔细观察对方，捕捉那种本能的反应，比如客户听到你的话时看了你一眼，这一眼中就包含两个信号：一是看你是否真诚可信；二是下意识地评估了自己对产品需求的迫切程度。

激发并观察反应，这个互动模式类似于人类在医学方面的发展路径。疫苗就是这么出现的，尝试使用，密切观察，得到预期结果，扩大适用范围。

测试题 THINKING GAME 2.0

|选择题|

1. 刺激客户，观察反应，得出规律，这么做的目的是什么？
   A）预测客户下一步的行为
   B）对下一个客户用上刺激模式
   C）让自己清醒，能够站高一点看到过程
   D）让自己拿到订单

2. 人们的采购都是一种固有模式的重复出现，并没有做过特别的准备，这说明：

A）销售顾问稍微有心理感觉就能够掌控过程

B）只要进行有针对性的刺激，就能够突破对方的习惯性伪装

C）只要掌握规律，透彻理解，就能够正确对待

D）可以通过观察、总结、反思来学会

3. 人们对下一步行为的预测，多数是基于这样的原理：

A）人们的行为举止背后是有规律的

B）人们都是各自独立的个体

C）人们都会为各自的目的而采取对自己最有利的行为

D）人们处于同一个文化与社会，有必然的守则和规范

|思考题|

你能够预测自己身边最亲近的人明天会做什么吗？请写一个清单。

SALES GAME

07

流程复盘，摒弃失败复制成功

KEY WORD

·关·键·词·

复盘

一盘棋结束后，任何一方重复刚才下棋的每个步骤的动作。

/ DAY 25 / 进行细节的比同比差

“复盘”这个词汇源自围棋界，两人对局完毕之后，将该盘棋的每一个步骤都重演一次。回放的过程中讨论当时自己的想法，找出双方攻守的漏洞，用来提高日后下棋时的对策。复盘的核心目的不是为了眼前这盘棋的得失，而是从中汲取教训，用来改善自己，提升技巧，用于下一次对抗。着眼点在下一次，这才是复盘的重大意义。

复盘用在企业经营中是一种科学的态度，把一次失败，或者一件产品的投放成功都不当回事，而是重新梳理一次：失败是败在哪一个步骤上，成功的具体原因。科学的态度就是认为成功与失败都有必然因素，是策略、技巧、能力的配比，而不是热情、拼搏的结果。通过复盘找到必然的因素，并复制这些因素，才有可能脱离人治，变成企业的运行机制。

复盘可以用在企业组织管理中，也可以用在产品营销上，还可以用在组建和管理销售队伍上。一次成功的产品布局和市场活动都需要复盘，这个动作首先由阿里巴巴公司开始启用，随着阿里巴巴公司影响力的扩大，这个动作被越来越多地用在企业经营管理上，就是复制成功，系统性地摒除失败因素，从而脱离人治的方式，进入科学化模式。

复盘在用脑拿订单的过程中有着同样重要的运用，让我们从流程中的每个步骤入手，来检阅复盘的妙手。

胡娜娜是新来的销售顾问，对待客户非常热情，上岗一个月了，接待的客户数量最高，达到 38 人，成交一台车。新来的销售顾问许立咏，性格内向，接待客户数量不多，只有 26 人，成交一台。这个车行还有一个新来的销售顾问，接待客户数量处于他们两人之间，也是成交一台。

这个结果让销售经理大跌眼镜，这三个人可是在厂家提供的系统全面的销售培训中高踞前三名的，学习认真，话术流利，产品知识掌握到位。尽管人有外向与内向的区别，但对于销售顾问来说，都有成功的先例，内向的人也能取得销售的成功。

销售经理陷入了沉思，准确地说，是陷入了回忆。他想起三年前刚来车行的时候，一起进来的 6 个人都是新手销售顾问，厂家也只提供了一天的培训。上岗一个月，他们个个都是五六台车的销售业绩。

虽说那段时间是汽车市场的兴起阶段，有市场因素存在，可去年来的两个新销售顾问，也是第一月就有 3 台的成绩啊。事出蹊跷，必有原因。追究原因，必须追本溯源，进行细节的比同比差。

三个时间点的不同点有：

1. 市场不同，客户不同。
2. 销售新人上岗接受的训练不同。

3. 车型不同，选择更多。
4. 销售管理方式不同。
5. 销售薪酬体系不同。

三个时间点的相同点有：

1. 销售顾问都是新手，以前都没有卖过车。
2. 销售顾问都是 23 岁左右。
3. 销售的都是同一个品牌的车。
4. 销售顾问都是本地人。
5. 销售顾问都有热情，有朝气。

测试题 THINKING GAME 2.0

|选择题|

1. 如果你是这位销售经理，你觉得重点应该从哪里突破找到本质根源：
   A）相同点中才有原因
   B）不同点中才有原因
   C）还是要比较人的因素
   D）还是要比较所有因素
2. 如果你是这位销售经理，你认为三个新来的销售顾问的销售业绩不理想，应该是：
   A）共性的原因　　B）特殊情况
   C）都有可能　　D）不用想，看下一个月
3. 如果让你从不同点入手，你会更加关注哪一项：
   A）市场不同，客户不同
   B）新人接受的上岗训练不同
   C）销售管理方式不同
   D）销售薪酬体系不同

|思考题|

如果你是这个车行的销售经理，请分享你的思考过程。

/DAY 26/ 寻找导致销售下降的原因

销售经理根据导致销售结果严重下滑的5个影响因素的影响大小，给出了权重分配：

1. 市场不同，客户不同：客户确实比以前懂车了——25%
2. 新人接受的上岗训练不同：上岗训练的不同点太大了——35%
3. 车型不同，选择更多：这点应该更加有利于销售顾问——5%
4. 销售管理方式不同：当初没有店面经理，销售顾问直接向总经理汇报，现在是三层管理体系——15%
5. 销售薪酬体系不同：当初底薪高，提成少，现在底薪少，提成高。有订单的情况下，收入比当初高多了——20％

他由此得出结论，现在的培训内容虽然比当时更加丰富，却更加偏离市场的实际情况了。比如，现在的客户更加了解车，那么，严谨的有关产品的话术就没有必要了。三年前上岗前虽然没有话术训练，但销售顾问在接待客户时并没有出现明显的问题，现在虽然话术滚瓜烂熟，客户意向却越聊越淡。

以前上岗前的培训只有一天，主要内容是产品特色、车辆的技术数据、功能作用，这就足够了。销售顾问上岗后能够完全应对有关产品方面的交谈。现在的销售顾问上岗前要接受三天培训，其中两天是产品技术方面的知识。但现在客户大多不是第一次买车了，基本上不会问产品方面的内容，多数都是商业方面的话题。销售顾问在培训中又学不到这个方面的内容，于是学习成绩越好的销售顾问越是觉得无法与客户进行顺畅的交流，客户也明显能够感到销售顾问太稚嫩，没有什么可聊的。因此，买卖车辆就变成了绝对的讨价还价，不是关系的建立和信任感的培养，而是如超市消费品买卖一样。

在这种情况下，必须要改变培训内容，因为新上岗的销售顾问在接待客户时只会背诵话术，眼睛不动，表情僵化，动作机械，好像机器人一样。客户提问时，销售顾问只会客气热情地端茶倒水，却不会回答问题，找来一本产品说明手册递给客户就算完成了。

测试题 THINKING GAME 2.0

|选择题|

1. 话术重复了 100 遍，客户就是不签约，那就需要改变。改变的思路是：
   A）不签约是一个结果，找到导致这个结果的多个原因
   B）要在人的方面多找原因，激发销售顾问的热情
   C）要通过客户来了解没有签约的原因
   D）要改善产品，提高价格方面的竞争力
2. 客户不了解自己要购买的产品时，更多地依赖销售顾问的产品介绍，在交流过程中渐渐地对销售顾问产生信赖。那么，在交谈的过程中，什么话题能够帮助客户建立对销售顾问的信赖呢？
   A）家常话题　B）天气话题
   C）商业话题　D）政治话题
3. 销售顾问在与客户的交谈中，薄弱环节就是对话题的控制能力，那么，销售顾问要如何提高这种能力：
   A）短期密集培训　B）长期定期培养
   C）集中大量练习　D）老销售顾问进行经验分享

|思考题|

请自我评估，除了你销售的产品以外，你与客户聊哪个话题能聊超过 20 分钟，请写在这里。你能够谈到什么具体的内容？

/ DAY 27 / 针对性培训解决问题

第一次到店的客户数量没有下滑，反而每月都有一定比例的提高，然而签

约数却在逐步下降，这就是说，这三个新来的销售顾问接待的客户都浪费了。这三个销售顾问接待的客户在两个月内再访的只有12%，而去年来的销售顾问，上岗第一个月接待的客户两个月内再访的比例可以达到28%。这说明新来的销售顾问无法与客户建立一种关系，无法传递出一种能够吸引客户再访、再与销售顾问谈谈的感觉。这并不是这三个销售顾问的问题了，而是销售顾问普遍的弱项。

与此同时，去年来的销售顾问现在接待的客户两个月内再访的比例能够达到37%，三年前第一批来的销售顾问中还在做销售的有两个，他们的数字可以达到42%。这几个数据说明造成客户再访比例差异的唯一原因就是销售顾问。不是因为现在市场变化了，客户变化了，而是因为面对同样的客户群，接待的销售顾问不同，导致了再访比例严重不同。

这个销售经理对这三个销售顾问实施了话题训练，而不是话术的延伸，每周六一次，三周后销售顾问开始出现明显变化，表现在三个细节上：

1. 接待客户的谈话时间从过去的平均16分钟，延长到26分钟。
2. 接待结束后，销售顾问填写客户登记卡的字数比过去平均35个字多了60多个字。
3. 接待结束后，拿到客户联系方式的比例由过去的8%提高到现在的21%。

这几个具体细节的改变为销售经理提供了一个积极的信号，以往千篇一律的话术渐渐失效，销售顾问似乎已经忘记了话术的套路，而是通过每周末的话题研读提高了谈话的能力。他们的眼睛活了，脸上有笑容了，说出来的话也自信多了，声音不再颤抖，语调也不再含糊不清。

这位销售经理虽然是理工科出身，但学生时代也读过一些文学作品，他想到这样一句话：“幸福的家庭都是相似的，不幸的家庭各有各的不幸。”这句话好像来自一本名叫《安娜·卡列尼娜》的名著，是那本书正文开始的第一句话，是全书的灵魂。

测试题 THINKING GAME 2.0

|选择题|

1. 销售经理观察的三个细节属于：

   A）结果指标　　B）过程指标

   C）人的指标　　D）业绩指标

2. 思考销售经理回忆到的名言，并对照他自己的思考、实践，以及收获的阶段性结果，对应到销售过程中，该销售经理认为：

   A）失败的销售都是不同的　　B）失败的销售都是相同的

   C）成功的销售都是不同的　　D）成功的销售都是相同的

3. 针对销售过程中失败的情况，销售管理人员应该集中研究：

   A）失败的特殊性　　B）失败的个体表现

   C）失败的共通性　　D）失败的所有因素

|思考题|

请回顾平时生活中不如意的事情，这些事情有没有共性因素？你也许可以从中获得启发。

/ DAY 28 / 复制独特的成功经验

幸福的家庭都是相似的，不幸的家庭各有各的不幸。我们将此话套用到销售过程中，说法可以调整为：失败的销售都是相似的，成功的销售各有各的精彩。失败的销售都是过程中没有把握客户，没有了解到客户的需求，不会与客户交谈，缺乏开辟新话题的能力。失败的销售顾问就好像是在客户提问时答非所问、在客户不问时发呆无言的机器。

失败的销售都是相似的，成功的销售各有各的精彩。

成功有个体因素，要提炼个体的特点，并普及到群体中，复制成功。失败是群体因素，要找到普遍的特征，并从前置阶段入手，杜绝泛滥。

通过观察客户的举止、言谈、行为、话语，我们能够总结出规律性的东西，并运用到新客户的预测上。**重点是关注那些成功下单的客户，回顾与他们交流时的细节，找到独特的地方予以复制，并预期客户的行为。**

销售过程更多的是失败的体验。失败的销售过程就是没有拿到订单，但没有拿到订单的销售过程却不一定是失败，如果两个月后客户回来下订单，那也是成功。我们应该关注的就是这两个月客户在做什么。对于暂时没有订单的销售顾问，我们的关注点不是客户，而应是销售顾问。

失败的销售过程多数是普遍情况，说明失败的原因是共性。成功的销售是独特的现象，说明成功有一定的独特原因。**独特原因要找出来进行复制，而普遍原因要找出来用培训来解决。**

很多企业对一线销售顾问进行话术训练，而且训练的时间很长，这样的训练基于一个预期，那就是话术熟练的销售顾问，接待客户时拿到订单也应该比较顺利。这是企业提供话术训练的目的：提高订单量。

测试题 THINKING GAME 2.0

|选择题|

1. 以下哪个训练方式是培养话题能力的：
   A）把产品的技术特点都记住
   B）给产品的技术特点编一个故事

C）把产品的特点讲给销售经理听

D）把产品的特点讲给朋友听，并回答他们的问题

2. 一个人的话题水平较高，说明他：

A）能说会道

B）说话流利，自然

C）能够就一个主题交谈 20 分钟以上

D）聊什么都能够接上话

3. 如下哪类属于在交谈中涉及了话题：

A）讲解了我们的售后服务体系

B）讲解了公司创建到今天的经历

C）讲解了自己用了这件产品后交到了女友

D）讲解了自己进入这个公司后的变化

|思考题|

找一个你能够讲 20 分钟的话题写出 400 字，其中要有故事。

/ DAY 29 / 站在整体的角度看问题

那么，话术训练的结果如何呢？一线销售顾问的体验非常糟糕。他们把熟练的话术对潜在客户讲完后，客户提出一些问题，然而销售顾问却不知道如何回答。话术越熟练的销售顾问，在无法回答客户的提问时，自我感觉就越糟糕。客户一方的感受是，你说得这么熟练，就应该比较资深，为什么连一个简单的问题都回答不出来。

有些企业还要求销售顾问积极主动地拨打回访电话，但用的还是同一套话术，结果呢？你对客户重复 100 遍事先准备好的话术，客户不买还是不买。销售过程是一个线性过程，客户了解到产品，产生兴趣，询问，得到满意的信息，

结合自己的需求进行判断，最后才是下单。销售顾问在这个过程中每一步的应对都应该是恰当的，如同下棋。

下棋时很多人的快乐来自输赢，输了自然不太高兴，赢了当然高兴快乐。而专业棋手不太在乎一盘棋的输赢，每盘棋后，他们都要重新把每步棋在棋盘上重演一次：当时对方用了这一招，我的应对是这样的，但后来才发现，对方当时还有这样一个布局，让我掉入了陷阱，造成后面的被动局面。

复盘能够把前后过程连接起来，全盘看待整个局面的来龙去脉。销售过程也是这样的，对那些失败的例子，要找到与其他失败的销售顾问共同的地方。比如，话术熟练往往就是一个失败的共同点。

销售顾问能否就一个话题交流 20 个回合，或者至少 20 分钟，能否掌握 10 个这样的话题，这是对话题能力的一个量化考核指标。刚开始可以用阅读报纸进行话题训练。在报纸上找到一篇 800~1 000 字的文章，花 5 分钟阅读，然后合上报纸，用自己的话把其中的意思讲出来，要求内容的吻合度在 60%左右，自我发挥约 40% 就可以了。最低要求是要讲 3 分钟，如果能够讲 5 分钟更好。接下来的训练就是每天重复一次，最终可以实现看一篇 2 000 字的文章，能够讲 15 分钟的效果，这时才可以安排销售顾问接触产品说明、产品技术介绍、产品研发设想等文档资料。

测试题 THINKING GAME 2.0

|选择题|

1. 一个销售顾问阅读一篇 900 字的文章，用自己的话讲出来时能够有 40% 的发挥，说明这个销售顾问：

A）具备理解能力　　B）具备恰当的灵活性

C）具备良好的记忆力　　D）具备良好的心理能力

2. 复盘对下棋的人来说真正的好处是：

A）提高记忆力　　B）强化对抗策略

C）能够从整体看局部　　D）能够从局部看整体

3. 下棋、打牌等活动都有一个共同点，那就是不会一步就获得胜利，这时就需要次序。先做什么，后做什么，第一步做什么，第二步做什么，整个过程实际上就是策略。那么销售顾问在向客户推荐产品时，如下哪些动作属于有策略：

A）直接回答客户问的问题　　B）第一次不说那么多，留一点下次说

C）先介绍价值，再解释价格　　D）先体验，后使用，再收费

|思考题|

回忆一次销售或购买产品的经历，做一次复盘的动作。

SALES GAME

08

销售是一个线性的过程

KEY WORD

·关·键·词·

线性

仅以时间变化为变量，一件事情的变化过程。

/ DAY 30 / 线性销售过程的整体布局

销售是一个线性的过程，从客户接触到最后下单是由不同环节组成的，每个环节都不能跳过，也不能绕开。这就如同男女恋爱结婚的过程：相识，熟悉，信任，订婚，结婚。销售顾问与客户之间关系的建立是围绕着产品展开的，形式就是交谈。

这样的线性过程有两个：一个是由销售顾问推动和主导的，比如介绍产品，了解需求，尝试签约，克服异议，拿到订单。另外一个是客户心中的，那就是了解产品，核对需求，自我感觉，内心权衡，犹豫决策，下定决心。

销售顾问既有成功的经验，也有失败的教训。客户没有购买不是失败，购买了别人家的产品才算失败。只要跟进一个还没有购买的客户，就是在推动环节进一步发展，并有可能发展到客户心中的下一个环节，最终得到订单。

销售经理要提炼帮助销售顾问获得成功的那些独特的地方，并复制给其他的销售顾问。对于那些失败的销售案例，销售经理要寻找普遍性，找到共同点，并通过训练具体的能力来彻底改变销售顾问的失败表现。

对线性销售过程进行细致观察、反复比较，将得到的结论用于预测或改善销售效率，了解了流程、环节、规律，就能够把握并改善销售动作。

30 天过得很快，我们完成了《用脑拿订单 2.0》第一篇的学习。这部分重点讲解了销售的流程、因果、次序、环节、测量、复盘。从下一篇开始我们将学习非线性营销布局，从市场入手，提高到店的客户量。

测试题 THINKING GAME 2.0

|选择题|

1. 第一篇学习结束后，你认识到线性销售其实就是：

A）提高销售业绩的方法　　B）分析销售过程的思路

C）管理销售顾问的策略　　D）影响客户采购的套路

2. 如果提到营销是非线性的，你理解的意思是：

A）没有明确的环节次序　　B）没有明确的工作内容

C）没有明确的过程转换　　D）没有明确的数据结论

3. 将学到的线性销售思路用到销售工作中提高销售业绩，还需要：

A）反复不断地训练自己　　B）在实践中具体地落实

C）反复写学习笔记　　D）让老板提高薪酬

|思考题|

请写一下 30 天的学习体会。

扫码获取第一篇 21~30 天的测试题解析

MARKETING

第二篇

非线性营销，搭建企业的全营销体系

GAME

营销实际上就是八个字：传播信息影响人们。市场营销不是大手笔的花钱，而是运用科学精神，利用规律进行规划，并通过设计环节提高客户采购的意愿，在现场完成交易。企业把产品推向市场时，应对营销的四个词汇所涵盖的内容进行具体的规划和设计。

扫描二维码，
听孙路弘老师为你讲解本篇的营销智慧

MARKETING GAME

09

营销活动布局，不靠冲动靠科学

KEY WORD

·关·键·词·

采购雷达

捕捉任何用来做采购决策的信息，帮助客户广泛了解产品的武器。

瞄准器

客户进入采购意向阶段，帮助客户聚焦在产品上，深入了解产品的武器。

模块

是若干环节组合在一起发挥作用的系统。

接触点

让买家与卖家产生交易的瞬间。

/ DAY 1 / 看上去很美的网络营销

一家企业的领导感受到雾霾对人体健康的危害，尤其是孩子的健康，于是决定设计并制造一种家用空气过滤器，将户外的空气过滤后转化为室内洁净的空气。这家企业的三个创始人都是“80后”，成长在网络发达的时代，自然决定通过网络的形式来销售。

他们投入大量财力、精力和人力，创建微博、微信公众号、视频账号等，在这些网络常用的通路上投放产品的功能、传达对下一代的关爱，以及雾霾对人体健康的危害，尤其是对孩子健康的危害等内容。

就这样忙活了一个多月，他们收获了300万点击量，10多万留言，还有几万条交流互动，却只售出300多台。

他们陷入了困惑。

但当他们把来龙去脉讲给我听后，我也陷入了困惑。我不明白的是，他们有什么可困惑的呢？

他们在网络通路上传播该产品之前，设想的是怎么也要销掉 10 000 台，这是他们流水线一个月的生产数量。既然有此预期，当然也就为这个预期设想了能够到手的利润。进一步想，能够赚千万，拿出 200 万做宣传应不算离谱，结果呢？

原来，他们是看到实际销量与之前的预期差距太大才困惑的，这个困惑还有一个别致的名字叫“看上去很美的网络营销”。

从营销行业来说，月销量 300 多台不是天经地义的事吗？但他们却感到困惑，而那种认真琢磨、严肃提问的样子，导致我也有点困惑。

也许图 9-1 这张雷达图能帮他们解答心中的困惑。

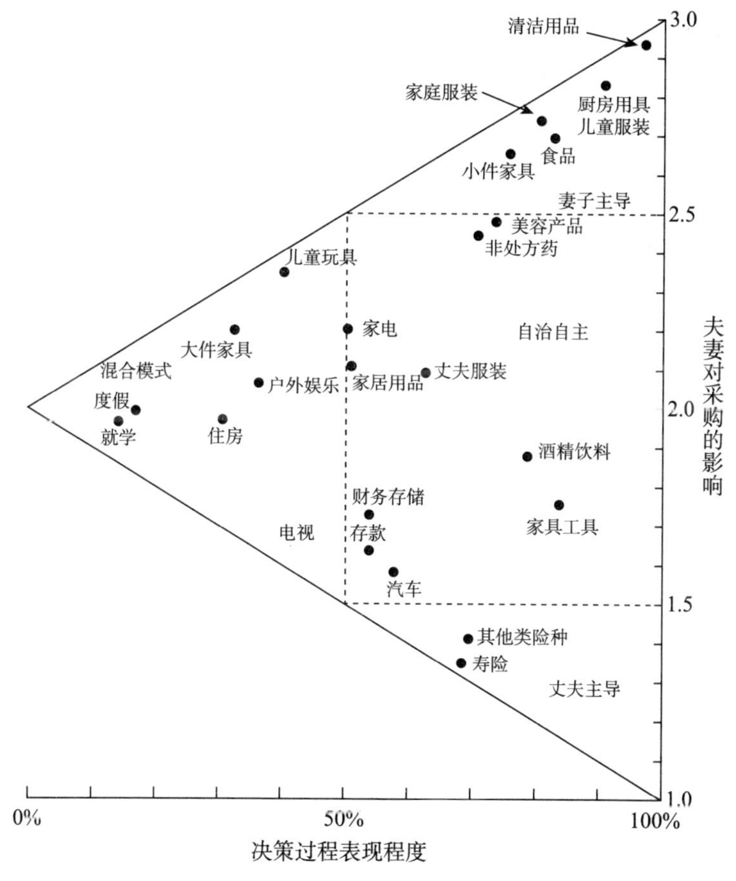

图 9-1　采购雷达图

图中家电的位置表示，采购这个空气过滤器的过程夫妻都会参与，而且参与程度都在 50% 左右。于是，以下一系列问题就很自然了：

1. 社交网络中，互动、点击、留言的人中，夫妻比例如何?
2. 这些人从第一次接触这件产品的信息到最终采购，中间间隔大约多长时间?
3. 这样一个采购中度参与的产品，仅仅通过网络接触而没有实际体验，下单百分比大约应该是多少?

通过这三个问题，你能明白他们困惑的原因吗?

测试题 THINKING GAME 2.0

|选择题|

1. 你以为这家企业的困惑是销售量太小，而实际本质上是：
   A）与预期的差距太大　B）之前的预期是模糊的
   C）朦胧的预期，模糊的做法　D）没有市场操控的概念
2. 这家企业对市场的实际困惑，导致了我的困惑，你认为我的困惑来自：
   A）没有理解企业在市场中的做法
   B）没有理解企业的产品用途
   C）没有理解企业的目标客户
   D）他们的结果不用看就知道，还有人困惑明摆着的事儿
3. 你认为这家企业对产品进入市场遭遇的这些困惑，实际上是：
   A）根本不懂市场，以为凭吆喝就能够卖出去
   B）根本不懂互联网，以为那里是卖场
   C）根本不懂商业规律，以为有产品就有市场
   D）根本不懂科学，以为市场拼的是投入

|思考题|

1. 客户购买一件产品有很多因素，购买一个全新的产品也有很多因素。你能够根据自己的情况罗列一个因素清单吗?
2. 你罗列的因素中，哪些是企业可以影响并推动，从而有效控制的?

/ DAY 2 / 建立瞄准器

销量达不到预期，这仅仅是一个现象。为一个现象困惑，说明企业不理解销量与传播之间的关系，不理解网络传播与产品属性的关系，不理解客户采购过程中投入精力与获知信息之间的关系。

企业向市场推出一件新产品时，至少要弄明白三个问题：

1. 按照采购决策人是女性还是男性区分，自己的产品属于哪类?

女性易冲动，企业传播的信息要充分感性、着力渲染、模糊、充满艺术气息，能让女性采购者产生共情，融入其中。决策人是女性时，产品的从众是第一法宝，短缺是第二法宝，失去感是第三法宝。

男性相对来说较理性，通常不会立刻做出决策，这时就要用数字、逻辑、因果构建系列性信息。决策人是男性时，产品的品质是第一法宝，科技含量是第二法宝，优越感是第三法宝。

2. 按照采购习惯的规律区分，自己的产品被采购时的规律有什么?

包括购买地点规律、购买时间规律、购买伴随物规律等。比如，啤酒一般不会在商场购买，袜子通常不会在白天购买，毛巾通常搭配肥皂购买等。

找到这样的采购规律，就可以研究自己的产品了。比如电器产品多数是全家一起商量购买的，家具多数是女性决策购买的。

3. 按照采购周期的规律区分，客户采购决策中的程度对自己产品的销售有什么影响？

采购周期就是决策时间的长短，它与传播的节奏密切相关。

电器类产品的采购周期通常是 10 天左右，也就是客户从开始观察比较，到最后付款之间的过程。因此，企业就要设计阶段性的信息，而不是将全部信息一次发出，让客户没有了下次再来了解的动力。

营销实际上就是八个字：传播信息影响人们（见图 9-2）。

- 传播：传播通路、传播频率、传播覆盖面的范围边界。
- 信息：强调功能还是强调价格，强调专利还是突出服务，强化品质还是突出品牌。
- 影响：影响客户记住、喜欢、好奇、购买。
- 人们：对客户的年龄、性别、职业、收入、家庭情况等进行细分。

四个词汇

传播：地点，频次，范围

信息：价格vs.价值，理性vs.感性，技术vs.客户，形式多样

影响：心理，情感，行为，习惯

人们：男女老幼，超级细分

图 9-2 市场营销概述

企业把产品推向市场时，应对以上四个词汇都有具体的规划，而不是跟风，看别人投放广告，自己也投；看别人弄微博、微信，自己也搞。没有目的的模仿，

到最后也就失去了方向，不知道应该达到什么目标。

测试题 THINKING GAME 2.0

|选择题|

1. 从事市场活动的人都希望通过各种营销动作，达到影响人们的目的，比如让客户产生购买行动，或者对产品表现出感兴趣、好奇、真心喜欢等。你认为，一个全新的产品第一阶段应该重点影响人们的哪个行为：

   A）记住　　B）购买　　C）好奇　　D）喜欢

2. 当你看到一个企业到处投放广告：首批产品产量有限，亲情价优惠到家。你认为它实际上是想影响市场出现哪个行为：

   A）喜欢　　B）记住　　C）购买　　D）好奇

3. 从事市场营销工作，内心应该具有：

   A）大手笔的概念，操纵的是大市场

   B）科学的概念，一切都有规律

   C）坚定的信心，人们总会消费的

   D）精益求精的心态，做好最佳产品

|思考题|

如果你具备了科学的精神，那么大学生应该不会是空气净化器的主力客户群。请写出你认为空气净化器的主力消费群体，并罗列一个传播通路的清单，应该在哪些地方进行传播。

DAY 3 谁在影响采购决策

决策过程的表现程度可细分为两个程度：

1. 有能力了解目标产品
2. 有时间用于采购

女性 100% 有能力决定清洁用品的采购，并 100% 用自己的时间来采购。

男性 100% 有能力决定酒精饮料的采购，多数情况自己采购，少数情况下由女性落实最后采购过程。

让我们看一下采购大件家具时的这两种细分程度。

1. 不是所有采购者都有能力了解家具；
2. 客户在采购时不能完全靠自己，期间受到销售人员的影响很大。也就是说，客户在采购过程中不能完全凭自己的自由意志，而是处于失控状态，或者说多数时间是失控的。

让我们再看看度假这个采购行为。

过去，人们度假旅行，出发前得到的信息与到达目的地后获得的信息严重不符。出发前对旅游目的地的住宿、交通、景点等相关信息的了解几乎为零。游客采购度假产品，自我决策是在旅行社销售顾问的渲染中盲目作出的。

今天，互联网信息时代中的度假已经发生了巨大的变化。游客在决定采购度假产品时，已经有能力对当地景点、交通，甚至语言情况做充分的了解，并可以提前进行规划。

同时，旅行社的业务也出现了变化。经验丰富的销售顾问已经没有价值了，游客不再询问他们，他们对目的地的了解恐怕还没有游客多。

当多数游客可以轻松地自己决定度假产品的采购时，度假产品的位置就不在图中现在的位置了。请思考信息时代，度假产品的位置应该在哪里（见图 9-3）？

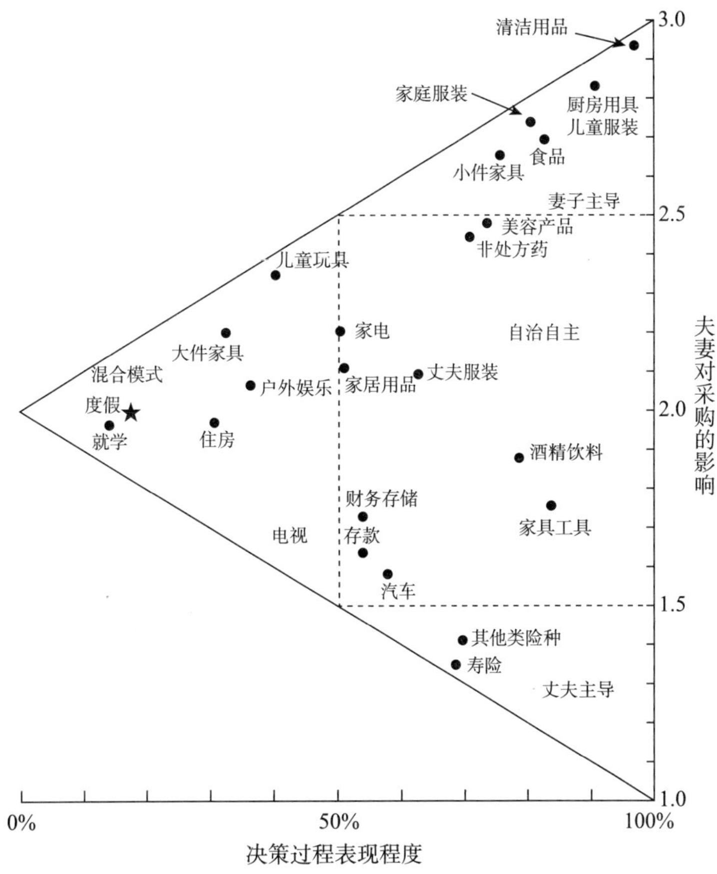

图 9-3　采购度假产品时的决策

雷达图纵轴表示的“夫妻对采购的影响”实际上也是这两个：

1. 夫妻对采购一件物品的决策权力（等同于主要使用者）；
2. 对一件物品的了解程度。

比如厨房用品。

1. 女性使用较多，采购几乎都是由女性决定（上海地区的男性或者暖男经常做饭，那么这类产品的购买就转移到了男性身上）。
2. 由于女性使用为主，也就对相关知识了解得更多。

再比如保险。

1. 这是全家都受益的产品，属于全家使用。
2. 以往多数情况是男性更加了解理财产品，于是雷达图中现在的位置表示了这一点，男性为主要决策者。

家庭开支还有一个比较独特的影响因素：收入占比。如果男性的收入是全家收入的 100%，那么，男性倾向于只关注大额支出项目，对中小价格的开支没有精力，也缺乏能力深入参与。

同时，家庭成员的性格也会影响家庭的开支。一般来说，爱挑剔的女性，通常会渐渐获得全家开支的决策权；粗犷一点的男性，通常全部精力用于提高收入。

现在，结合自己的现实情况回答以下问题：

1. 你的产品在哪个区域？
2. 作出这个判断的依据是什么？
3. 作出这个判断后，能够影响你的市场决策吗？

测试题 THINKING GAME 2.0

|选择题|

1. 你认为为了确保产品获得更高的利润，应该：
   A）减少有关产品的信息投放
   B）加大有关产品的信息投放
   C）扩大更多的销售渠道
   D）减少渠道的数量，控制在高档地区铺货
2. 微波炉在雷达图中，通常应该在哪个区域：
   A）自治自主　　B）妻子主导
   C）丈夫主导　　D）混合模式

|排序题|

1. 哪个区域最能确保自己的产品实现大规模销售：

A）自治自主　　B）妻子主导

C）丈夫主导　　D）混合模式

/ DAY 4 / 产品投入市场的策略

将一件新产品投入市场是需要策略的，而非简单模仿别的企业的做法。

传播信息影响人们——前 4 字是做法，后 4 字则是做法的目的。

我们进入网络时代并不是自由选择的，而是被裹挟着进入，因此我们只能应对。网络的核心对普通人来说，实际上就是信息的获得方式、获得途径、获得习惯、获得数量。信息传播要充分运用网络在信息获得方式、途径、习惯、数量上的变化。这是网络时代市场营销的起步点。

- 方式：传统方式有报纸、杂志、广播、公交车身、建筑物上的显示屏；网络时代的方式变成了电脑、平板电脑、智能手机等。
- 途径：过去通过电视、报纸等机构发布的正式内容；现在变成了微博、微信、朋友圈、视频网站等。
- 习惯：过去习惯稳坐家中获取信息；现在是随时随地，尤其是移动状态下仍能获取信息，而且从被动获取变成主动获取。
- 数量：过去通过报纸、电视新闻，每天平均接收 10 000 字左右的信息；现在每天大约要接收 20 000 字左右的信息。

考虑到这样的变化，再结合第一天所学的建立预期市场的轮廓，第二天所学的规划自己的营销动作，去实现自己的目的。我们需要做好三件事，来形成一个模块。

- 第一件：目标客户的采购模型；
- 第二件：瞄准器需要目标；
- 第三件：子弹的选择。

- 采购决策：眼前 vs. 线上
- 决策周期：较短 vs. 较长
- 决策人：单人 vs. 多人

一对夫妻来到某商场一家卖冰箱的门店，他们在此停留超过十分钟，都拉开了冰箱门，还看了价格。丈夫问导购员：耗电量多少？导购员介绍过程中，被妻子打断，问：有促销活动吗？

作为销售过程的管理者，我们应该思考三个问题：

1. 冰箱购买是男士决策，还是女士决策，或是共同协商后决策？
2. 购买冰箱是价格导向，还是价值导向？
3. 客户以前用过什么冰箱？

以上三个问题就是销售管理层要构建的采购模型的例子。如果能够确定是女士决策，而且比较明确是价格导向，就说明你的瞄准器中有靶子了。

这时，要给销售武器提供弹药，比如促销价格、促销赠品、延长保修或者赠送服务等，这些都是充分的子弹。

企业应明确客户关注什么，获得信息的通路是什么，习惯什么时间主动获取信息，容易受什么类型的信息影响，打算影响他们什么，从而选择信息通路和信息内容。

让我们看一个模块样板。

- 场所：超市
- 产品：冷感毛巾（零售价 118 元）
- 产品使用人群：工作场所的男性，热衷体育锻炼的男性，喜欢新生事物的科技达人，宝宝的妈妈
- 人群信息触点：社交群，如微信朋友圈（75% 以上）
- 目标：接触点冲动采购

测试题 THINKING GAME 2.0

|选择题|

1. 你认为这种毛巾的用户，采购决策应该是：
   A）看到就决定购买
   B）看到会犹豫，第二次接触会购买
   C）至少要接触三次才会购买
   D）超过四次，特意去接触才会购买
2. 你认为这样的产品，如果搞推广活动，哪种情况销量会较好：
   A）超市商场搞试用　B）体育场馆搞试用
   C）线上组织四天的互动活动　D）委托体育名人代言
3. 你认为这件产品的决策人将是：
   A）一个人，女性就可以决策
   B）一个人，男性就可以决策
   C）通常夫妻共同参与决策
   D）通常全家，包括老人孩子参与决策

|思考题|

1. 请就以下方案，写出你的详细落实规划。
- 传播：通过网络通路传播产品
- 信息：科技原理，热天制冷感觉，运动制冷感觉，炫耀诱因，组织交流，提供图片，参与讨论
- 影响：影响人们购买（动机：先于周围的朋友得到新科技产品）
- 人们：运动圈，科技圈，妈妈圈

2. 请就下面第一条和第二条尝试写一条产品信息，或者一个销售通路（落实细节与投入产出规划）：

（1）组织团队写 100 条产品信息，每条 300 字，配图。疲劳驾驶状态的毛巾，热天走进室内拿到的毛巾，孩子发烧敷上的毛巾，运动锻炼出汗时的毛巾。

（2）组织网络推手，在 10 个通路上按照每天一个热点、5 条信息的节奏发送，鼓励转发获得试用的机会。

（3）配合搜索引擎投放，监控点击数，一个月内达到 500 万点击，规划采购率超过 35%。

（4）投资 200 万。

（5）第一个月销量目标：10 万条毛巾。

/ DAY 5 / 从四个需关注的细节入手

营销活动不是依靠冲动来布局的，而是依靠科学，让消费者冲动、热情、争先恐后地跳入这个局。

对消费者、家庭采购行为，甚至具体到客户买单瞬间前后五分钟的场景，以及这个场景中涉及的人、事、物进行分类。

接触点有四个要关注的细节：

- **销售展示**

  要销售的产品是否有实物，是否方便客户拿到，是否方便客户试用，产品的功能是否能让客户一看就理解？

- **周围影响**

  周围竞品是否影响客户的注意力，客户能否清晰地听到销售人员演示时的讲解，环境中是否有较强噪音?

- **媒体广告**

展示产品的同时是否展示了投放到媒体中的广告，是否有图像集中显示广告中印象深刻的画面，是否有视觉内容能够唤起客户头脑中可能存在的广告残留印迹?

- **营销活动**

现场营销活动常见的有促销、优惠、限量、试用、体验、抽奖等。有时是其中一个，有时是两三个混合。目的只有一个：促使消费者冲动决策，鼓励立刻掏钱。

在成交最关键的接触点，客户决定采购前肯定会有一些疑问，也会对销售顾问提出这些疑问。那么，销售顾问能够回答这些疑问吗?

首先，作为营销方案的设计者，要尽量罗列完整的客户可能提出的疑问。

1. 这条毛巾必须过水后才有冷感吗?
2. 过水1 000次后，还会有冷感吗?
3. 过热水能够有冷感吗?
4. 这件产品的降温原理是什么?
5. 孩子发烧可以用这个降温吗?
6. 可以用在肚子上吗?
7. 毛巾干了后还有冷感吗?
8. 毛巾脏了怎么洗?
9. 毛巾可以在阳光下晒吗?
10. 天热可以用来擦汗吗?

以上问题都应设计出两种以上的回答，让一线销售人员能够自如地回答各种可能出现的疑问。

测试题 THINKING GAME 2.0

|排序题|

1. 过水 1 000 次后，还会有冷感吗？对这个问题有以下四种答复，请将你认为最有说服力的排列在前面：

   A）当然有，进口产品，保证质量

   B）这是最新科技，纳米技术，永久有效

   C）冷感还会有，但程度会下降，毕竟是日用品嘛

   D）1 000 次后早就可以淘汰了，太旧了，有冷感你也不会再用了

2. 在客户提到竞争对手的产品时，销售人员可以有以下四种回答，你认为哪个说法更容易让客户接受：

   A）一分钱一分货，他们是便宜，但用几天就会出毛病

   B）他们的产品只有一项功能突出，其他都不行

   C）他们的产品还可以，但性价比不行

   D）他们的产品有独特的地方，不过两类产品有两类客户

|选择题|

1. 客户到眼前了，有四个细节要充分细致地布局，比如组织一些人来购买，形成从众效应，从而导致不明真相的客户冲动购买。这样的安排，应该属于哪个类别：

   A）销售展示　　B）周围影响

   C）媒体广告　　D）营销活动

|思考题|

请结合现实生活，回忆去过的商场，哪件产品在以上四个方面的布局比较周全，或者你观察到哪件产品有这样布局的意图。

/ DAY 6 / 提升一线销售人员的销售技能

市场工作是从具体的接触点开始入手的。接触点就是客户接触到企业产品的现场，就是导购员实际面对客户的瞬间。深入到接触点这个场景，企业很多的管理都是缺失的，比如客户第一次接触到产品的瞬间，可能对产品提出什么问题：会提出打开包装的要求吗？会要求导购员展示一下用法吗？会提出功能、保修、退款方面的问题吗？这些问题，企业做好准备了吗？能否对接触客户的一线导购员进行提前的培训辅导？

产品出现的哪些问题，接触点可以立刻解决处理，而不是需要等待，也不是手足无措。这些有书面的行为要求规范吗？

如果需要协助客户解决产品使用的情况出现，接触点的一线导购人员有哪些能力是需要培训的？最常见的是哪类问题？需要按照什么样的行为规范为客户提供服务？是否有可以参考的规范流程、步骤、环节，只要照办，就可以确保客户的满意度（具体见表 9-1）？

表 9-1　接触点的导购人员需培养的能力

致使的次序	潜在客户	所有可能考虑到的细节
1. 接触点 （第一印象）	1. 销售展示 2. 周围影响 3. 媒体广告 4. 营销活动 P1	
2. 初次认知 （认真了解）	1. 产品认知 2. 关系建立 3. 感性信任 4. 理性认同 P2	

续前表

致使的次序	潜在客户	所有可能考虑到的细节
3. 态度形成 （难以改变）	1. 产品利益 2. 人的信任 3. 态度一致 4. 强化信任 P3	
4. 行为预测 （投票行动）	1. 关注细节 2. 广泛比较 3. 关注价格 4. 采购行为 P4	
5. 营销重点	➢销售技能 ➢销售效率 ➢理解客户 ➢产品演示和利益传播 P5	

追求销量的产品，可直接跳到第 4 项——行为预测。

- 关注细节
- 广泛比较
- 关注价格
- 采购行为

这四条都需要一线销售人员现场进行全面布局和设计。比如，上节关于冷感毛巾的十个问题是否都有合理的回答，所有一线销售人员是否都能够自如地为消费者解答。还有，能否就三种同类产品的功能、特点进行讲解。比如，销售过程中要能够熟练地讲出品牌 A、品牌 B 的特点。与此同时，能够坦诚地讨论其他产品的价格，并能够运用第一篇中的价值编码的方法引导客户进行价格比较。

最后就是推动采购行为。营销方案中是否为一线销售人员备好了奖品、优惠条件、服务承诺等，作为最终推动客户冲动的理由。

面对到店观望没有购买行为的客户，能够进行预设规划的有以下内容：

- 销售技能
- 销售效率
- 理解客户
- 产品演示和利益传播

直接面对客户的一线销售人员，有的企业叫导购员，有的企业叫促销员，总之，都是与客户交谈后，影响客户眼前决策，掏钱购买。要对这些人的销售技能进行系统地培训，包括说话、倾听、问题解答、产品讲解等。然后，密切测量其接触客户的数目，以及交谈的时间长度，拿下的订单数量等。

每周组织一线销售人员分享各自成交客户的典型案例，或者尽量安排销售人员回访成交客户和到场参观客户，了解他们在产品使用中的满意和不满意之处，都能够丰富一线销售人员的感受，便于以后讲解时更生动、真实。

市场营销不是大手笔地花钱，而是运用科学精神，利用规律进行规划，并通过设计环节提高客户采购的意愿，在现场完成交易。这些都是实实在在、可测量的实战工作。

测试题 THINKING GAME 2.0

|选择题|

1. 市场营销是面对市场进行广泛持久的信息投放。那么，用什么量化指标来考核这个工作的完成情况呢？
   A）用最终产品的销量为考核指标
   B）用来到销售网点的人数为考核指标

C）用购买产品的客户是否满意为考核指标

D）用这场活动的收入减去投放的成本是否盈利为考核指标

2. 营销活动之后紧接着就是销售活动，那么，用什么指标来考核销售人员的工作完成情况呢？

A）用接触点得到的全部客户中采购产品的比例为考核指标

B）用来到销售网点的人数为考核指标

C）用购买产品的客户是否满意为考核指标

D）用赚到的收入减去销售人员的工资是否盈利为考核指标

3. 企业中通常有一个叫“客户服务支援”的部门，主要针对购买了产品的客户。那么，用什么指标来考核这个部门人员的工作情况呢？

A）用退货客户的数量能够控制在一定的程度来考核

B）用购买了产品的客户使用产品的频率来考核

C）用购买了产品的客户是不是转介绍来考核

D）用提供给采购了产品的用户的服务是否让这些客户满意来考核

|思考题|

你脑海中是否能够形成一个时间轴，即客户来到你的店铺一进行询问一了解后下单购买一遇到问题咨询售后服务一然后比较满意。这个时间次序确有三个环节：营销，销售，服务。请结合一个你了解的产品，谈谈这三个环节都是如何布局的。

MARKETING
GAME

10

重新定义 4P

KEY WORD

·关·键·词·

定位

对产品给人的印象进行描述，比如，我希望读者对我的印象是销售顾问的导师，这就是我的定位。

定价

企业对生产出来的产品的诉求。

渠道

企业生产出来的产品转向销费者所经过的途径。

促销

当客户还不太了解产品的时候，或者企业为了消化库存，促进产品销售的方法。

/ DAY 7 / 你的营销要适合你的产品

基础营销涉及的对象有四个，分别是：产品、定价、渠道、促销。

- 产品：产品的作用，请详述你的产品是什么？
- 定价：定价策略，为什么降价，如何保持高利润？
- 渠道：销售的地点，包括渠道，信息传递渠道如何。
- 促销：促销的发生以及原因是什么？

说起来非常容易，无非是设计一件产品，确定一个价格，找地方推出，并让客户能够接触到，然后以赠送、体验、试用等促销手段，最终让客户一手交钱一手交货，完成交易。

首先，我们来谈产品。产品有三类：

1. 日用品

超市、便利店中绝大多数产品都属于此类，比如毛巾、肥皂。这类产品都是快速消耗品，用了就没有了，需要继续采购，因此，必然有广泛的市场。尤其是儿童、妇女用品，必然有销量。当然，若要做大也不易。因为容易进入的市场，竞争也很大。有销量不等于就能大卖。这个类别的产品销售主要靠营销推动。

2. 耐用品

大型卖场中多数产品都属于此类，比如冰箱、洗衣机、电视机、家具、汽车等。这类产品使用周期长，比如冰箱不会一年换三个，甚至三年都不见得会换一个新的。市场需求被现有大量厂家填满，还没有轮到第二波更新的时候，就会出现大幅度下滑。还有电视机这样的产品，当手机、平板电脑出现后，销量不会再上去了。建材也一样，地区内市场饱和后，你就算是赠送，也没有需求了。这类产品在市场发展期间主要靠销售，而不是依靠营销手段。

3. 服务类产品

需要人全程参与交易过程的产品都是此类、比如餐厅、出租车、理发，车辆保养。这类企业的发展主要靠地段，若人流量提升了，再差的餐厅也有人进去吃。目前，这类产品逐渐与互联网结合，将互联网当作线下交易的平台，即所谓的 O2O 模式，比如网络外卖订餐。传统的服务类产品的销售主要靠地段，不靠营销。O2O 产品的销售则主要靠营销和口碑，客户满意后的口碑。

新的产品进入市场，第一类产品主要靠低价竞争，才能够改写现有的巨头独占市场的局面。第二类产品主要靠功能，符合客户的独特需求，并通过销售人员的展示和讲解能力取信客户，拿到订单。第三类产品的竞争靠的是为客户节省时间、减少麻烦这两个基本服务要件。

测试题 THINKING GAME 2.0

|选择题|

1. 不是所有的产品通过营销手段就一定有销量的，学了营销不能迷信营销，不能忽视市场规律。再出色的营销方案、营销规划、营销落实都不可能一年销售 500 万辆自行车，却有可能销售 500 万斤大蒜和辣椒。这段话的实际意思是:

A）营销手段不是万能的，有市场容量制约

B）营销手段绝对可以提升销量

C）营销做好了，什么产品都能够卖出去

D）营销是科学，依靠科学就必定能够有销量

2. 根据产品的分类，你认为对提高家用床单销量有效的营销手段，也应该：

A）对提高家具销量有效

B）对提高餐厅食客量有效

C）对提高毛巾、浴巾销量有效

D）对提高手机、照相机销量有效

|排序题|

1. 如果要追求市场销量，你认为以下四个因素中哪个对销量的影响比重最大：

A）出色的产品　　B）绝对低的售价

C）广泛的销售通路　　D）全面的促销动作

|思考题|

请结合你的产品在当地市场的情况回答：当地市场上同类产品竞争的企业有多少家？当地可能购买你的产品的客户总量有多大？以前用的哪些促销方法管用？

/ DAY 8 / 全新产品定价

直接提高产品销量的手段就是定价。只要市场有容量，调整定价就可以直接刺激销量。

比如，超市里 30 元 5 条的洗脸小方巾，如果降价到 10 元 5 条，并摆放在显眼位置，就能够将原来一天 30 条的销量直接提升到 100 条，约三倍多。这几乎还都只是一种品牌的新增销量，而非所有品牌的总和。

比如，6 000 多元的高档海尔冰箱，三门三温随意控，现价 2 200 元。原本一天销量是 8 台，降价后，当天就销掉 21 台，全场冰箱平均日销量 28 台。但这实际上是抢夺了其他品牌冰箱的意向客户，而不是新增客户。

企业给自己的产品定价有三种模式：

1. 利润定价

这是最常见的定价模式，就是计算出生产成本，然后加上心中期待的利润。

2. 竞争定价

这是目前流行的定价模式，定价比照同类产品，做到最低就可以了。

3. 需求定价

这种定价模式较难，就是寻找客户心中的价格点，并结合产品的产量和销量预期来设定价格。

比如，企业新研发出一款体温计，纽扣大小，可以放到孩子身上随时测量体温，然后温度显示在智能终端上，还可以设定超过 39 度后手机报警。市面上没有同类产品，那么企业对该产品的定价需要分四步走。

第一步：确定对此产品感兴趣的客户人群，比如妈妈们。

第二步：该人群对该产品的价格预期，比如相比传统体温计的价格，了解新产品功能后，觉得应该值多少钱。

第三步：设定市场策略。比如第一阶段的产品产量，第二阶段充分量产后的价格浮动空间，第三阶段新功能添加后的产品价格浮动。

第四步：根据第三条确定价格。

以上第二步需要做市场调研。第三步需要学习市场进入策略。

测试题 THINKING GAME 2.0

|排序题|

1. 通过市场调研，你了解到很多妈妈现在用的体温计差不多都是 100 元左右的。于是给妈妈们介绍了新的体温计的性能，可连续测温、高烧报警，形状如纽扣大小，贴附于前胸，两秒就可获取体温。然后询问她们，有这些功能后，愿意加多少钱？妈妈答复的平均数是 100 元。另外，企业初期产量有限。

   请对以下定价排序：刚推向市场时的价格，第二阶段的价格，出现竞争对手后的价格，以及取代所有现有体温计后的价格。

   A）150　　B）200　　C）260　　D）350

|选择题|

1. 当市场调研出一件产品在目标客户心中的价格后，实际定价应该：

   A）要比心中价格偏低　　B）要与心中价格类似

   C）要比心中价格偏高　　D）具体情况具体分析

2. 定价是企业营销活动中的一个关键组成部分，你认为哪个定价模式能够让企业长久生存下去：

   A）利润模式　　B）竞争模式

   C）客户模式　　D）难说，要看情况

|思考题|

请就自己的产品进行市场容量预估，看看你是否了解市场容量估算所涉及的因素。尽量充分地思考，列出所有想到的事情，没有结果也可以。

/ DAY 9 / 替代产品定价

技术研发人员头脑中有一个固有观念，认为只要有产品，就一定会有市场；只要产品优秀，就一定能够热卖。产品决定了市场的销量和企业的生死存亡。

以上这些观念在农业文明时期和工业文明初期都是正确的。但工业文明后期，产品丰富了，同类产品越来越多。比如市场上的饼干已有上百种，其中一家企业生产出了美味的饼干，但销量就是上不去，这时技术人员又该怎么说呢？

市场营销将研究的重点转移到了客户身上，什么原因让客户买这个品牌的饼干，什么原因让客户买那款体温计。客户知道你的产品，还是完全不知道你的产品。这个问题从企业市场部的视角研究变成了：你的产品是全新产品还是替代产品。

比如，冷感毛巾就是替代产品，替代现有的毛巾，因为它仅仅是增加了一个特殊的功能。再比如，跑步机就是全新产品，让人们足不出户也能够跑步了。

人们知道冷感毛巾后，心中会用传统的毛巾价格来比对，形成对这件产品的价格认定。比如传统毛巾10元左右一条，消费者权衡“冷感”这个功效，觉得最多也就值10元，于是，对这件产品的价格感受就应该是20元。**对于替代产品的价格，消费者会根据被替代产品来参考形成。**

跑步机刚推出时，人们对它是完全没有价格概念的。我们大多数人对手表是有价格概念的，但如果在一些极端贫穷落后的地区，那里的人对手表也会完全没有价格概念。全新产品的定价较容易一些，市场传播集中在产品用途、带来的好处上就可以了。待用户渐渐认识到花这个钱得到这个价值是合算的时候，就可以逐渐扩大用户数了。

全新产品定价有三种常见方式：

1. 成本利润方式
2. 需求欲望模式
3. 产品生命期覆盖方式

第一种定价方式容易理解。比如，一件产品的原材料、设计、加工、人员、场地等的总成本均摊下来需要 100 元，公司希望这件产品的利润是 50%，那么定价就是 150 元。

第二种定价方式是根据潜在客户的收入来评定的。假如目标客户月收入 2 万元，有 4 000 元的自由开支，那么企业可以在这 4 000 元中做规划。一件空气过滤器的定价可以是 9 000 元，因为一年中大约可以用上 60 天，占用两个月的自由开支是合理的。

第三种定价方式要预测产品周期，比如苹果第一代产品周期大约是 18 个月，那么，前期投入就要平摊到 18 个月的销量中，然后设定利润值和价格递减节奏，比如六个月减价 20%，用来对抗竞争。

缺乏市场经验和控制能力的企业多数会采用第一种；对市场有把握的企业会采用第二种，这也是利润最高的一种；已经在成熟期的企业多数会采用第三种，稳健，有合理利润和产品迭代的长期规划方案

替代产品要克服消费者心中形成的固有价格标杆。低于标杆，额外的功能就不被认为有价值。等于标杆，也不会在市场上形成影响力，顶多就是多了一个功能的原产品而已。只有高于标杆，才有可能让人们重新认识，也才有可能发现价值点。

企业对自己的产品定价后，就开始设计传播的信息内容、信息量，以及传播的阶段设计和侧重点设计。可与之前章节中的市场营销八个字结合起来。

测试题 THINKING GAME 2.0

|选择题|

1. 当苹果推出智能手表时，人们心中隐约能够形成一个价格范围。你认为这个价格范围来自于：

   A）其他高档豪华手表的价格　　B）苹果手机等设备的价格

   C）自己现在戴的手表的价格　　D）多数人心中不会有价格范围

2. 苹果公司的营销部门实际上最希望消费者形成的价格认识来源于：

   A）其他高档豪华手表的价格　　B）苹果手机等设备的价格

   C）自己现在戴的手表的价格　　D）根据自己的收入情况评估的价格

3. 苹果公司的营销部对自己的产品做出了以下定价，你认为这样的定价阶梯，实际上会加大哪个配置的产量：

   16G 内存的 iPhone 价格：2 400 元

   32G 内存的 iPhone 价格：3 200 元

   64G 内存的 iPhone 价格：3 500 元

   128G 内存的 iPhone 价格：5 800 元

   A）16G 内存　　B）32G 内存　　C）64G 内存　　D）128G 内存

|思考题|

所有严肃对待自己的产品、打算长久经营的企业家，对推向市场的产品的价格都是经过科学论证后做出的决策。请思考一下自己企业销售的产品，价格是怎么做出的？

/ DAY 10 / 信息促销取代线下促销

网络时代的促销已经扩展为两层含义：一是信息推广；二是产品体验。网络时代之前，促销都是集中在销售现场推动销量的活动，比如品尝，或者小包装试用，或者现场体验（试驾）。

网络推动信息流动加快，使得信息获得的成本较低、也更便捷，因此，企业应让消费者在接触信息时就在脑海中形成对产品的认识。如果是替代品，就不用重新学习，比如冷感毛巾，客户认识到自己有需要，又有经济实力，那么，就可以在网络上直接下单了，不需要现场体验和试用。

从这个意义上看，网络信息化节省了企业进行现场促销的人力和物力；而用户足不出户就能够掌握产品的信息，使得冲动下单成为可能。

企业开展促销活动，更多的是对信息的推动和扩展，从而形成连锁效应，一波又一波地扩大信息波及的范围。通过视频、图片、动画等形式，让用户不用进行实际体验，通过视觉就得到亲临现场的感觉，然后方便下单。

推动产品信息传播，应从以下三组对立的选项中做出抉择：

1. 价格还是价值
2. 感性还是理性
3. 故事还是数字

选择价格，就是追求短期销量，仅对日用品有效。因此，企业要密切关注近期销量是否有增加，不然就要停下来找原因，而不是继续传播价格信息。

通常有两种情况可以大肆传播关于产品价格的信息：一是在同类产品中价格超低，低于均值 40% 以上；二是在同类产品中价格超高，高于均值一倍以上。

第一种情况能够引发追捧，并可能带来销量的提高；第二种情况会引发好奇，并带来流量，提升产品的关注度。

传播产品的价值信息通常用于采购周期较长的产品，比如耐用品。采购周期有两种衡量方式：一种是客户第一次看到产品，第三次才购买，用看的次数来衡量；另一种是客户对产品有了兴趣，一段时间后才购买，用产生兴趣的时点到购买之间的时间差来衡量。

下面，我们就利用这两种衡量方式尝试自我审视，看看自己的情况。

测试题 THINKING GAME 2.0

|选择题|

1. 第一种衡量方式给企业创造了机会，通过销售人员的讲解，从而实现客户的采购考虑周期缩短的目标。这种情况下，信息促销适合哪类产品？

   A）耐用品，比如汽车　　B）快消品，比如牙膏

   C）服务产品，比如餐厅　　D）个性产品，比如订制套装

2. 第二种衡量方式比较困难，客户仅仅通过信息的接收、消化转化为采购行动。这需要靠营销过程中有策略、有阶段的传播方案。那么，这种情况下，信息促销适合哪类产品？

   A）耐用品，比如汽车　　B）快消品，比如牙膏

   C）服务产品，比如餐厅　　D）个性产品，比如订制套装

|排序题|

1. 以下广告宣传语，哪句最贴近传播价值信息：

   A）今年爸妈不收礼　　B）我就喜欢

   C）钻石恒久远，一颗永流传　　D）一杯的价格得两杯

   E）一切皆有可能　　F）为发烧而生

|思考题|

请思考感性信息与理性信息之间的异同之处，以及对不同类别产品的推广影响。

扫码获取第二篇 1~10 天的测试题解析

/ DAY 11 / 重点不同，效果不同

第二组对立选项“感性还是理性”，指的是企业传播产品信息时，侧重打动人们的情感，还是侧重打动人们的理性思考。不同的信息侧重点，达到的效果不同。

比如，冷感毛巾有以下两种信息侧重：

1. 过水后擦脸，比其他毛巾低 3 度
2. 抵御夏天的热气蒸腾

第一个是依靠数字的理性信息。有时依靠逻辑也属于理性信息，比如“冷感毛巾，内含水分蒸发 3 倍空间，更凉快”，这是传达制冷原理，属于理性信息。这类传播比较能够打动男性决策者。如果毛巾这类产品多数都是女性购买，理性信息会导致困惑，让女性购物者不太理解，也就浇灭了可能的购物热度。

第二个是感性信息，能够激发人们脑海中出现描述的那种场景，以及场景中自己的感受，比如设想这样的毛巾出现在自己脸上的效果。类似这种信息几乎能够覆盖所有女性以及一部分男性。如果这件产品是女性采购为主，这类信息就足够用了。不断传播，持续传播，高频率传播，最终让消费者形成本能反应，去到超市，不用思考就将该产品拿到购物篮中。

第三组对立选项“故事还是数字”与“理性还是感性”有相似的地方，故事中可以融入数字，数字可以由故事讲出来。它们不算完全对立，而是一个协调、综合的思路。也就是说，能够击中较多的人群。然而能够击中较多人群的，集中度就会弱。如果具体针对女性群体，效果不如直接传播一个感性信息。

故事与数字更多地用在一个已经有市场份额的产品上，用来建设客户心中

对品牌的认识。通过传播包含数字的故事，能够渐入人心，并固化成一个人们熟悉的、信赖的牌子。

测试题 THINKING GAME 2.0

|选择题|

1. 进入网络时代后，线下赠送、品尝等促销手段面对的越来越多地是60岁以上的老年人，而年轻人更多地通过网络上了解的信息来决定是否购买，这就是信息促销替代了线下促销。即便本来属于线下的餐饮业，也被app的信息通路方式扩展出来，不再路边发传单了，而是用app的方式，线下线上一体化。客户通过手机终端的触控，就能够点一桌饭菜，不出20分钟，就有人送上门。

   那么，有关线下线上的融合，以下哪个说法比较客观：

   A）线下的促销已经没有前途了

   B）线上信息传播为辅，配合线下口碑

   C）线下促销为辅，配合线上信息传播

   D）线上信息传播的目的是配合线下产品销售

2. 产品有了市场份额后，企业就会希望客户能够记住产品，重复采购，这时需要：

   A）强化感性信息

   B）强化理性信息

   C）同时深入推广感性与理性信息

   D）强化有数字的故事信息

|排序题|

1. 以下信息哪一个的感性程度最强烈：

   A）夏日冷感，更加珍贵

   B）关键时刻，冷感降温救回生命

   C）温馨是美好的，需要冷感衬托

   D）股市有风险，冷感毛巾防范冲动

|思考题|

谈谈给你留下深刻印象的产品信息。

/ DAY 12 / 物流取代渠道

当互联网凭借信息传播的流畅性改写了促销这个环节的基本动作时，物流、快递公司的高速发展改写了渠道这个营销动作的实际含义。

在传统的营销中，渠道包括铺货、理货；还有一些大的方面，比如招商、谈判、建立合作关系等；还有深入一些的，比如赊账、放款、资信核实。但到了网络时代，这些都不再重要了。

物流能够将客户选定的产品送到家门口，或者客户上班的地方。这个通路比客户楼下的便利店还要方便，这样一来，渠道几乎失去了以前的地位，不再重要了。

渠道变成了物流，本质上也就变成了为客户节省时间和为客户减少麻烦。以前渠道讲究的是产品品种全、价格清晰；现在是产品到客户手里的时间要短，送到的货不能有差错。

配合信息时代，在客户下单前告知其关于货物的具体注意事项；在客户收货之前，把客户想知道的情况都提早告知，比如发货的时间和物流的状态等；还有告知客户是哪家物流公司，如果可能，还要告知是从哪个地区的库房派出的。总之，**如今的渠道之战，已经不是地理位置上与客户的远近，而是物流派送中时间的长短。**

铺货已经不是品种多样的竞争，而是送到的货不出差错，颜色、配件、尺寸是对的，说明书也在。客户收到货，发现就是自己要的产品，满意度自会油然而生。

渠道这个动作在互联网时代是改变最大的一个环节。竞争完全集中在两个T上：时间（Time）和麻烦（Trouble）。

这个改变为企业省去了很多成本，包括装修、员工工资、租金、水电费、物业管理费等。能够集中管控仓库，加强与物流公司的合作，在两个T上强化物流品质管理，就会成为适应网络时代的渠道变化的企业。

这样一来，客户接触到的企业产品，就不是线下闲逛时偶然看到的，而是网络浏览时看到的：也许是产品的说明，也许是用户的体验分享，也许是一段视频。这些都能够触动客户，并进而通过网络搜索到企业，在网络上下单。这期间，完全没有涉及以往的渠道部分，都是网络展示、网络介绍、网络交流，然后网上交易达成，等货上门。

测试题 THINKING GAME 2.0

|选择题|

1. 为什么有人说淘宝不是卖衣服的，而是卖图片的：
   A）因为客户下单时没有看到实体衣服
   B）因为客户下单时看到的就是图片
   C）因为客户掏钱买的是美图
   D）因为客户拿到手里的是衣服的图片
2. 为什么还是有人到处发展区域的经销商和代理商呢：
   A）实际上是为企业找到库房
   B）实际上是找到人为压货买单
   C）实际上是为方便当地客户
   D）实际上是为发展当地经济

3. 现实情况是，周围商场超市的人流量并没有减少。当然，确实不少人是逛而不买，用手机扫码然后回到网络上下单。这种情况背后隐含了：

A）人们把商场超市当作休闲场所了

B）商场超市的买卖功能下降了

C）长期来看，开店没有交易，也就该关门了

D）长期来看，人们只要来逛就行，商场超市还会存在

|思考题|

到此，我们学完了营销的核心基础 4P，分别是产品、定价、促销、渠道。你印象最深的是哪个部分，对哪个部分还有疑惑？

MARKETING GAME

11

互联时代的4C

KEY WORD

·关·键·词·

客户

任何掏钱购买任何产品的人。

成本

对客户来说，自己掏出的钱就是最直接的成本。

便利

企业为了方便客户购买采取的措施。

沟通

企业通过视频、图片、文字等形式，让客户了解产品。

/ DAY 13 / 后悔是一种病

消费者购买某产品后，是否会出现后悔的感觉？这个感觉会直接影响到其下次购买，还会影响到其身边的人。

后悔的事情可能涉及三个方面：

- 对产品后悔
- 对供应商后悔
- 对价格后悔

后悔的心理机制是：了解到更多的事实后，认为自己当初不应该做那个决策。

后悔心理涉及人生中多个领域，也是一个多发病症，频繁度远高于感冒发烧。遗憾的是，很多人还没有意识到这是一种病，也没有意识到这个病症实际上已经发明出了可以治疗的药物。

请回忆自己的实际体验，你买了某产品后出现过后悔的感觉吗？

老师，我买了一个高科技杯子，能够连接智能手机，在APP上查看一天的喝水总量，它还能定点提醒喝水。可用了不到一个星期，我就不再打开那个APP了，于是它就成了一个普通的杯子。但是，要是用普通杯子来喝水，我为何要花180多元呢？

这个后悔心理是对产品后悔，还是对卖家后悔，又或是对价格后悔呢？如果一个质量稍好一些的普通喝水杯子价格25元，那么多花的155元买了什么呢？

这件产品面世后一个月就消失了。根据小范围调研，样本数87个，一周后不再打开APP检测喝水量的用户有55个，两周后不再打开APP检测喝水量的用户有18个，三周后只有10个人打开APP，到第四周仅剩4位用户习惯性地使用该APP检测自己的喝水量。

你知道客户购买了自己产品后产生后悔心理的时间间隔吗？是一周后、三周后，还是三个月后、六个月后？你知道他们后悔的原因是对产品、商家，还是价钱？

后悔的原因实际上是信息获得上的时间差，也就是在购买后第七天得到的信息与决策购买时已知的信息有差异。

营销是传播信息影响人们。人们是根据得到的信息（企业策划发布的）来决定采购的，然后实际体验产品时，与之前得到的信息进行对比，形成新的认识。比如满意、持平（无所谓）、无奈（其实没啥特别的，反正能用吧）、后悔（也许当时知道就不买了）四种态度。

测试题 THINKING GAME 2.0

|排序题|

1. 用户用了一段时间某产品后，比较会把自己对该产品的哪种态度通过朋友圈晒出来：

   A）满意　　B）持平　　C）无奈　　D）后悔

2. 购买提醒喝水的高科技杯子后觉得后悔了，以下哪个想法最不会引发后悔的感觉：

   A）反正工资 2 万元，180 元就当丢了吧

   B）别人没有用过，我体验过，体验的经历是难得的

   C）过去两周让我清楚了解了自己喝水量的情况

   D）藏起来，以后看都不看这个杯子

|选择题|

1. “各位千万别报这个旅行社的团，出发前说好的不低于四星酒店，结果是当地两星酒店。说好不去免税店，结果安排三个小时的特产店。虽然整个行程价格不算贵，但旅游难道就是换一个地方掏钱购物吗？”

   以上这段分享，你认为属于哪种后悔：

   A）对产品后悔　　B）对供应商后悔

   C）对价格后悔　　D）都有可能

|思考题|

请回忆你过去后悔过的三件产品，最好分别有对产品后悔、对供应商后悔，以及对价格后悔的例子。

/ DAY 14 / 客户后悔，产品下架

世界上有两类人：一类以追求成功为核心展开自己的行为，另一类以避免失败为核心展开自己的行为。

你是否考虑过，你的客户中哪类人居多？购买了你的产品并使用了一段时间后，后悔的用户群比例是多少？

实际情况是，很多企业根本不考虑客户后悔与否。他们会想，反正客户掏了钱，自己也赚到了钱。

如果不考虑客户是否后悔，在如今的网络时代会对企业造成什么影响呢？其结果将是：

1. 由于信息传播成本大幅下降，因此客户的不满意体验会变成信息四处流传，从而抵消企业传播的那些鼓动人们购买的信息。
2. 市场竞争激烈，因此客户有了更多的选择。听到别人的不良体验后，就会倾向于选择其他供应商的同类产品。
3. 人有从众心理，风大就会一边倒，信息堆积后就有了风。

你结婚了吗？你结婚后是否出现过后悔的念头？

1. 第一次出现是在多长时间后？是第一年、第二年、第三年，还是临死之前？
2. 触发对婚姻后悔的因素可能是什么？是发现了爱人的一个缺点，还是发现了一个更好的对象，或是婚姻现状不如预期，又或是其中一人地位突然出现较大幅度的变化后导致了不和谐？
3. 出现后悔的念头后，你采取了什么行动？行动之后，后悔心理出现了什么变化？

一个人对自己从事的职业后悔过吗？对自己报考的大学后悔吗？对有了孩子后悔吗？后悔不是小事，它意味着一个人对某方面的事情彻底失去了希望，有时是对自己失去了希望，也就是不再自信。如果客户对你的产品失望，就不会继续使用你的产品了，有时还宁愿选择忘记。

当产品的新用户渐渐减少的时候（这种趋势的出现有三个原因：竞争对手

多，市场中同类产品饱和，创新越来越难），企业能够挖掘的方向就是过去成交过的那些客户，他们就分为四类：满意的，一般的，消极的，后悔的。

这件衣服洗过一次后就缩水了，而且非常严重，完全不能穿了。这可是200多元的衬衣啊。

这就是典型的对价格后悔。该客户购买时的预期是：200多元的衬衣，怎么也比100元的强，怎么能够洗一次就不能穿了呢？然而他分享出来的却是针对卖家的："这家店的衣服都是样子货，不能洗的。"

问题是：衣服的洗涤说明中明确讲解了布料的特性，不能水洗，只能干洗。为此，企业还赠送了一张客户所在地一家合作干洗店的干洗票。

但这名客户在这家网店下面留言时没有提到自己的失误，导致这个店铺的该产品全部下架。

测试题 THINKING GAME 2.0

|选择题|

1. 当你询问客户对自己的产品感觉如何时，客户回答说："哦，那个台灯啊，不错，挺好。我送给儿子的同学了。"那么，你判断这名客户对产品的态度属于哪种情况：

   A）满意　B）一般　C）消极　D）后悔

2. 回访过去六个月的用户，其中45%的用户对产品的评价属于一般，这意味着：

   A）客户购买时预期就不高　B）产品确实平庸，没有亮点

   C）产品还有翻身的机会　D）满意客户比例一定很高

|排序题|

1. 以下留言，哪个后悔的程度严重？

   A）这茶壶太沉，倒茶的时候一只手拎不住

B）这茶壶重，放桌子上碰到都不倒

C）这茶壶厚，不用保暖瓶了

D）这茶壶茶叶进入容易，洗的时候出不来

|思考题|

一般在什么情况下，客户对购买的产品容易后悔。请从产品价格、购买时得到的信息，以及自己的经济条件三个方面来考虑。

/DAY 15/ 客户的心思

市场营销发展到20世纪80年代，企业的精力已经不再聚焦在产品上了，而是聚焦到用户身上。工业化批量生产开始后，同类产品比比皆是，客户面前有了更多的选择。客户有了选择权，企业发现产品销量降低后，开始关注客户购买产品的原因。

这是一个典型的逻辑思维。某企业开发的某产品，第一年1月销量9 000台，2月7 000台，3月5 000台，12月降到1 800台；到第二年1月1 000台，2月900台，3月1 100台，此后一直徘徊在月销量千台左右。从数据看，这件产品不再生产吧，可还有销量；继续生产吧，赢利明显不如以前。该企业管理者到市场上了解情况，看到自己的产品旁边就是类似的产品；而且同类产品的价格还低，功能还多。

这时，企业开始在功能和价格上开展竞争。持续10年后，功能差不多开发尽了，已经越来越难创出新的功能；价格也无法进一步降低了。再一次把企业逼到了市场中去寻找原因，结果发现，有些客户反映应该在这里增加一个按钮，在那里增加一个把手……

企业管理者才发现，与其在研发室里绞尽脑汁，不如从客户那里了解情况。这样不仅获得了更多的线索，也了解到客户对产品的预期价位，以及客户大概什么时候要换设备。这时，便开启了市场营销的一个新时代——客户导向。

客户导向实际上完成了以下四个对接：

- 聚焦在产品，不如重点关心一下客户；
- 聚焦在产品定价，不如关心一下客户的预期价位（对客户来说，就是他们购买产品的成本）；
- 聚焦在找地方销售产品，不如关心一下客户得到产品的方便性；
- 聚焦在促销上，不如关心一下与客户沟通的模式和渠道。

从 4P 转向了 4C，重点转移到客户层面了。

- Consumer（客户）：消费者需要什么？
- Cost（成本）：消费者的成本是什么？如何衡量成本和收益？
- Convenience（便利性）：方便消费者，他们在那里购物。
- Communication（沟通）：消费者希望如何沟通，沟通的渠道如何？

“客户”的英文有三个词汇，分别是：consumer、customer、client。客户就是掏钱买东西的人，细分之后有三种：买快速消耗品的人叫消费者，买耐用品的人叫客户，买服务的人叫顾客（传统说法就是主顾）。

测试题 THINKING GAME 2.0

|选择题|

1. 通过今天的学习，你理解市场营销的发展过程实际上就是：
   A）学者不断研究的过程
   B）企业解决市场困境的过程

C）营销专家落实理念的过程

D）客户需求变化给企业造成压力的过程

2. 买沙发的人属于：

A）消费者　　B）客户

C）顾客　　D）有钱人

3. 平时使用的快速消耗品用完后还需要再用，比如牙膏。消费者在买这类产品时，通常会：

A）更加在意价格　　B）决策更加慎重

C）更加表现为购买惯性　　D）更加在意售后服务

/ DAY 16 / 中产阶级的需求

市场营销是面对大规模市场的一系列动作的落实过程。这些动作的设计都有目的：让人记住，产生好感，有购买冲动，进而立刻掏钱购买。

中国企业并没有细分客户的概念。他们心中总是想着大市场，最好市场中所有客户都是自己的。长期有这样的心态，企业的各种行为就会渐渐固化，包括思想也形成一种模式，不会灵活调整了。

可惜，在自由市场中，一家企业做成功一件产品后，必定会吸引其他的企业也来“分一杯羹”。这样，客户就有了选择。如果两家企业都是大市场概念，都想让所有客户用自己的产品，那么，他们立刻就会陷入价格战。这时，一个更好的策略就是从大市场中找局部市场，满足那些有个性需求的客户。

比如，大众都买大米，卖大米的企业也很多。市场中差不多都是3～5元一斤的大米，现在有一家企业提供泰国香米，5～8元一斤。那么，你觉得买普通大米的客户数量多，还是买泰国香米的客户数量多？当然是买便宜大米的客户数量多。

泰国香米与一般大米比较，多了两个特点：产地泰国，味道更香。而大米的基本要素是：能够吃饱。泰国香米在基本要素的基础上多了两个因素，能让人们联想到泰国的气候和大米的芳香爽口，客户就愿意多付两元钱。

这样的客户在购买泰国香米的时候，就是在满足自己的需求。而普通大众购买最便宜的大米就是在满足基本需要。市场上多数产品是为了满足客户的需要，而稍微多出一些额外因素的产品，就是不靠价格靠价值来满足那些有个性需求的客户。

这样，市场就出现了分化。一批是仍然在满足大众需要的企业，另外一批是只满足有需求的客户的企业。**满足客户需要的产品，不会有什么利润，而通过额外因素满足客户需求的产品，则能够赚到更多利润。**

实际上，越来越多的客户愿意购买一些独特的产品，不仅有泰国香米，还有日本大米、黑土地黏米等各种满足需求的大米。这样的客户不是一两个，而是一群，这一群人叫中产阶级，也就是中级客户；相对地，那些只满足需要的客户就是初级客户。

测试题 THINKING GAME 2.0

|选择题|

1. 冰箱满足人们需要的核心要素是：
   A）制冷　　B）省电　　C）静音　　D）分区
2. 如果一个市场中，不同品牌的同类产品的额外附加因素都比较多了以后，那么：
   A）相对差异让客户更容易选择
   B）额外的附加因素都变成基本要素了

C）客户更难选择符合自己需求的产品了

D）功能越多的产品竞争力越强

|排序题|

1. 对于空调来说，制冷是满足需要的核心要素，其他都是满足需求的因素，哪个因素能让客户愿意多掏钱：

A）空气净化　　B）空气保湿

C）除菌、除异味　　D）变频省电

|思考题|

请评估你购买的一个超过500元的产品，哪些是满足你需要的功能，哪些是满足你需求的功能，你觉得各自应该值多少钱？

/ DAY 17 / 土豪与奢侈品

从家里到公司上班总要带一些东西，比如笔记本、手机、钱包、钥匙等。这时，你需要一个能够放置这些东西的包。如果从需要层面出发，一个塑料袋就解决问题了。但是，笔记本是纸张做的，手机屏幕也怕划伤，所以这个包最好能够防雨，也有隔层。而且为防把手指关节勒疼，这个包最好不是用手拎的。这时，你就希望有一个公文包。实际上你为公文包付出的价钱中，很多部分都是额外的因素。一个塑料袋就能够解决的基础需要之外的钱，都是付给额外因素的。

还有些人会去购买奢侈品牌的包，这满足的既不是需要，也不是需求，而是品牌带来的精神上的满足感。比如，背上这个包，能够向旁观者传达自己的财富和地位。

一个人购买苹果手机，一部分钱买的是基本需要，一部分钱买的是额外的因素，还有一部分钱购买的是品牌带来的精神方面的满足。按照这个思路，你可以重新评估一下自己买苹果手机花的钱，再看看比例如何。

一个企业生产的产品既可以满足大众的最基本需要；也可以给产品附加更多的额外功能，提高企业的竞争力，从而提高产品的利润率；同时也可以塑造品牌联想，让客户能够获得因品牌带来的满足、自豪、自信，而这给企业带来的将是更大的利润率。比如奔驰轿车，既有满足需要的部分，也有满足需求部分和欲望部分。你可以思考一下，客户花 75 万元购买奔驰车，以上三个部分各占多少钱。

企业就有了三个选择，生产的产品是满足需要，还是需求，或是欲望？第一种比拼的是企业能否从低价中获得利润，因此企业的发展侧重点就是节省生产成本。第二种比拼的是技术研发，是否能够开发出更多的额外功能，然后根据功能提高产品价格。第三种比拼的就是能否在客户脑海中塑造品牌联想。

测试题 THINKING GAME 2.0

|选择题|

1. 我们有时能够看到一些人，毫不犹豫地用现金购买千万豪车，这些人这样做是满足他们的：

   A）需要　　B）需求

   C）欲望　　D）虚荣

2. 如果企业试图推出满足客户欲望的产品，那么预算就应该更多地花在：

   A）产品研发上　　B）产品的销售通路上

   C）产品生产环节的高效率上　　D）产品的品牌建设上

|排序题|

1. 企业都知道，如果生产的产品能够让客户满足精神上的欲望，利润率当然就高。那么，这类产品采用以下哪个通路销售，可以标高价格？

   A）超市中特殊柜台陈列　　B）品牌专卖店展示

   C）网上商城可以下单　　D）预约专人，上门服务，面对面展示

MARKETING GAME

12

STP营销理论的进化

KEY WORD

·关·键·词·

市场细分

就是从广泛的市场中找出特定目标群体，专门针对他们的需求生产产品，并销售给他们。

目标客户

就是有掏钱能力的购买决策人。

品牌定位

在客户脑海中建立积极联想印象的做法。

/ DAY 18 / 找到自己产品适合的客户

每个企业都被市场影响着，竞争激烈的市场中，有一些企业渐渐明白大众倾向于选择便宜、廉价的产品，也就是满足自己的衣食温饱等基础需要就可以了。然而，还是有一些人的诉求已经超过了基础的温饱需要，想要稍微好一点的产品，比如味道香甜、天然有机的大米。这些人不多，但他们会根据产品的额外特殊因素多付费，不会斤斤计较。有些企业发现了这批客户，于是琢磨自己的产品，添加额外的因素，针对这样的客户群体进行销售。还有一些企业发现了另外一批人数更少的客户，这些客户比较在意自己拥有的产品最好周围人都没有。而且这样的客户对产品更加挑剔，他们心中期待产品的价格要高得让买得起的人少，同时，品牌又有被很多人认识、知道。有的企业就把这样的客户当作自己产品的目标客户，针对他们进行销售。

1945 年，第二次世界大战结束后，德国奔驰公司恢复生产，产量难以提高，董事会决定将车价提高一倍，远远超过了当时同档次的大众汽车。这样一来，奔驰公司既不会因为产量不高而使收入减少，也不用紧赶慢赶地抓紧生产了，而是集中精力研究车的质量和外形设计，做到精益求精。

仅仅3年的时间，市场就形成了一个共识，奔驰才是好车；5年后，共识变成了奔驰是高档车；10年后，又变成了奔驰是豪华车。

其实，奔驰公司董事会并不一定意识到了，他们无意中做的这个决定，其实就是市场细分。在市场营销的整套体系中，“细分”这个具体动作出现在研究客户之后，是企业进一步将关注的重点从研发转移到客户心思上的结果。

市场细分就是把市场中的客户进行区分，然后找到自己产品适合的那部分客户。比如大众汽车能够做到高产量，但不能提高价格，而是通过薄利多销来赚钱。奔驰汽车当时受限制，产量不高，于是索性踏实地研究质量，让客户更满意、更放心。结果10年过去，高价成了常态，产量恢复后，不用降价却还是供不应求。

测试题 THINKING GAME 2.0

|选择题|

1. 牙膏刚出现的时候，只有成人使用的，没有孩子专用的。一旦有企业决定生产儿童专用的牙膏，那么：

   A）应该可以卖得贵一点　　B）应该可以卖得便宜一点

   C）应该和成人牙膏价格差不多　　D）还是要看生产能力

2. 柜台里摆放了两把同样的剪刀。摆放过程中，销售人员失误将三把剪子放到了旁边的一个空柜台里。这时，有客户问：“这边的剪子没有标价，是多少钱？”销售人员答：“哦，这边的剪子是38元。”客户说：“哟，比那边的要贵12元呢，有什么区别？”销售人员答：“这38元的是新到的货，刀刃材料是合金钢，耐用时间比纯铁刀刃要长10倍。”客户说：“好吧，我买一把38元的剪刀。”

   这个例子说明：

   A）销售人员要机智灵活

   B）客户心中也不希望都是一类的产品，也想独特

   C）产品分化就能够让客户自己主动区分出来

   D）初级客户是可以被产品变成中级客户的

|排序题|

1. 如今，企业在网络上完成产品的销售过程，快递员完成产品到客户手里的过程。如此一来，中级客户就会混在所有下单的客户中而难以被发现。以下哪个行为，能够让我们更加容易判断这是一个中级客户：

A）主动留反馈的字数超过 100 字，无论好坏

B）下单前问功能的问题多过问价格的问题

C）那些再次购买的客户

D）那些在促销期间下单的客户

|思考题|

如果把自己当作一件产品，企业给你钱购买你的时间。那么，与同事比较，你有什么额外因素，能够让企业主觉得给你的钱，可以比给同事的多一点?

/ DAY 19 / 能做出购买决策的人才是目标

把市场细分，能够让一些企业避开主战场的竞争，在满足了小部分客户的需求后，利润还提高了。这不是一般地好，简直太好了。市场营销套路中，这个细分就成了一个指导策略。

起先，企业摸索着尝试性地进行市场细分，得到甜头后，开始有意识地主动去细分，这就形成了完整的理论框架。但主动细分的过程中又会遭遇新情况。比如，企业设计出了儿童专用牙膏，那么推销时，是不是应该去幼儿园呢？当然不是，孩子喜欢的东西，并不是孩子自己能够决定购买的。这就好比一段很有意思的对话，幼儿园老师对小朋友说："你们要学习爸爸妈妈，他们吃饭就不挑食。"其中一个小朋友回答："那当然了，他们买的时候挑过了，吃的时候就都

是自己喜欢吃的。”

小朋友是没有决策权的，哭着喊着让妈妈买的东西不会超过 5 元。企业渐渐明白了，**细分市场面对的是产品的使用者，也就是直接用户；而决定购买的人才是目标，是需要去说服的目标，是传播信息的目标。**

比如，礼品销售就是企业在不知道最终使用者的情况下销售给送礼的人，送礼的人就是目标。如果客户是企业、单位，那么实际上你面对的是企业、单位里面的人，他们才是采购决策者。如果你向他们介绍产品对他们企业、单位的好处，未必会打动他们。要了解他们的所思所想，才能够成交。

孩子喜欢一件衣服是为了好看，而妈妈购买时在乎它是否容易脏。儿童服装销售时不用强调材质，应该强调耐磨，或者抗脏。

这就是企业从细分出发，又明确了一个新的概念：目标。目标人群能够决定钱的去向，而细分市场仅仅是使用者。有些产品只有目标认同，才可能销售出去到达最终的用户。

测试题 THINKING GAME 2.0

|选择题|

1. 按照今日所学，如果你销售的产品是家具，谁最有可能是目标客户：
   A）来询问的客户都是目标
   B）一个家庭中收入高的人
   C）一个家庭中的老人
   D）一个家庭中的孩子
2. 客户在购买一件物品的过程中，如果比较慎重地做出决策，这样的人就是市场传播中要面对的目标。这类客户更可能是：
   A）初级客户　　B）中级客户
   C）高级客户　　D）都有可能

|排序题|

1. 一个家庭准备装修，全家有老有少，其中有使用者，也有决策者（目标），试想，真正的目标会更在意哪个信息：

A）价格　　B）设计师风格

C）装修时间　　D）合同条款

|思考题|

请罗列一个清单，看看你自己使用的哪些东西，不是你自己亲手购买的。

/ DAY 20 / 头脑战场，抢占客户头脑中的位置

市场营销是操纵市场、赢得客户、把产品销售出去的一系列手段。这些成套的 4P 手段包括产品研发、琢磨定价、渠道通路、促销动作。

企业生产产品的门槛逐渐降低之后，能够生产产品的企业就多了，本来数量固定的客户群有了同类产品的其他选择。企业不得不在营销方面增加武器，开始研究客户需求、客户的心理价位、客户获得产品的方便性方式和客户能够接受的信息。这就是成套的 4C 手段。

这些理论渐成规律后，知道的企业就多了，于是有些企业开始转移到新的战场，研究大市场层面的细分，比如专做孩子、老人或者高收入人群的生意等。然后他们会发现，使用产品的人有时不是决策购买的人，于是又开始研究目标购买者，继而再深入一点，琢磨目标头脑中的印象。

企业通过传播信息来影响人们的偏好、情绪、记忆，最终影响客户的购买行动。可惜，购买行动是出现在认识之后的，人们能否记住你的产品，能否看

到产品的名字就有美好的联想呢？

比如，当听到、看到“今年爸妈不收礼”“滴滴香浓意犹未尽”等广告语时，你的脑海中很可能会条件反射出其产品的名字。一些企业通过高频次传播这样的广告语，让大众听到它们就想到产品和企业的名字，这也就是，**企业抢占了客户头脑中的一个位置**。这个手段就是细分，找到目标之后的下一个动作：定位。

定位就是在客户头脑中找一个意思恰当、美好的词语，然后将产品与该词语建立关联。美好的词语关联自己的产品，然后让客户想到产品就知道那是好东西。

定位有三个动作环节：

1. 确定一个好位置；
2. 不断进行传播；
3. 逐渐扩展外延。

好的位置指的是人们头脑中的现有印象，比如“好日子”就是一个好的词汇，你的产品用“好日子”，就可以直接唤醒消费者心中美好的联想。“科技”是好词汇，“科技以人为本”这句口号也能让消费者产生良好的感觉。“恒久远”也是人们美好的想象，你的产品赋予这个口号，也能够在客户头脑中直接形成良好的位置，这就是定位。

接着不断地传播，从每天一次到每小时一次。同时，电视、收音机、公交车站、出租车等渠道全覆盖。

一旦“科技”这个词汇让消费者记住了，就开始寻求科技的扩展，比如纳米科技，“全新产品科技为王，纳米制胜”，就是从科技已经成功的定位基础上扩展出去，跟上更加现代的语意，让纳米成为新的品牌形象，巩固大脑中原有定位，扩展大脑中新的空间。

定位并不是决定要做什么层次的人群的市场，也不是要定价，或者对比竞争对手主打某一特殊功能，而是从客户头脑中认识事物、了解事物的目的展开的。

测试题 THINKING GAME 2.0

|选择题|

1. 以下哪个说法符合定位的手段：
   A）让客户知道我们的产品是高端的
   B）让客户一听到或看到我们的品牌就知道是上好的产品
   C）让客户牢记送礼就得是我们的产品
   D）让客户坚信我们的产品性价比高
2. 定位需要投放大量传播费用，用来巩固、强化产品在客户脑海中的印象，那么，这笔投资的回报在：
   A）销量高啊，人们记住了，需要使用就购买了
   B）售价高啊，人们牢记后，就不在乎价格了
   C）人们记住后，就可以节省一段时间的传播费用了
   D）这笔费用本来就是必要的投放，不追求回报
3. 耐克长期以来都是一个定位：Just Do It。随着时代的发展，需要密切结合时代的旋律，以下哪个是这个定位的外延：
   A）做得更加持久　　B）做好就可以
   C）专心地做下去　　D）做到实现目标

|思考题|

可口可乐在中国一贯的定位都是激情，请尝试写出随着时代的变化，应该如何扩展激情的外延。

扫码获取第二篇 11~20 天的测试题解析

/ DAY 21 / 11 个术语，11 种手段

4P（产品、定价、渠道、促销）手段是企业用来吸引更多的对产品感兴趣的客户寻找产品、了解产品的，也就是希望客户看到企业传播的产品信息后，能够采取行动，来企业的销售点、柜台、展厅实地看看。

如果这些手段没有效果，那就用 4C 手段，进一步研究客户想要什么，什么价格能够触动客户的心，怎样方便客户看到，以及选择什么词汇讲解自己的产品，通过什么渠道，比如是通过报纸、杂志还是智能终端等来告知客户自己的新产品信息。通过研究这些手段，也可以提高来找产品的用户量。

如果以上手段还不能产生效果，就研究市场细分，看看市场中哪类人群是目标客户，也就是真正能决策购买的人。然后锁定这类人群，看他们头脑中在想什么，找到一个词汇，与产品关联起来。这就是 STP：

- Segmentation（市场细分）
- Targeting（目标客户）
- Positioning（ 品牌定位）

至此，我们已经学习了 11 个术语，从 4P 发展到 4C，然后出现 STP，这些都是企业不断摸索着要把产品销售出去的手段（见图 12-1）。

一个企业的市场营销部门应该做的就是以上 11 个术语的事儿，也就是 11 种手段都要顾及。一家初创企业参与市场竞争，要把自己的产品卖出去，会不会考虑以上这 11 种手段？有没有哪个企业是把这 11 种手段都实现了的？有没有哪个成功的企业，其实没有做到这 11 种手段呢？

这种完整的市场营销体系发源于美国，但即使在美国，也不是每家初创企

业都能把 11 种手段全做到。但至少会做到有产品、给产品一个定价、并找到地方销售，以及给大众提供体验、试用的机会。也就是说，**4P 对一个企业来说是不得不做的、难以避免的手段，而且在做的时候要有意识地进行设计，而不是凭直觉。**

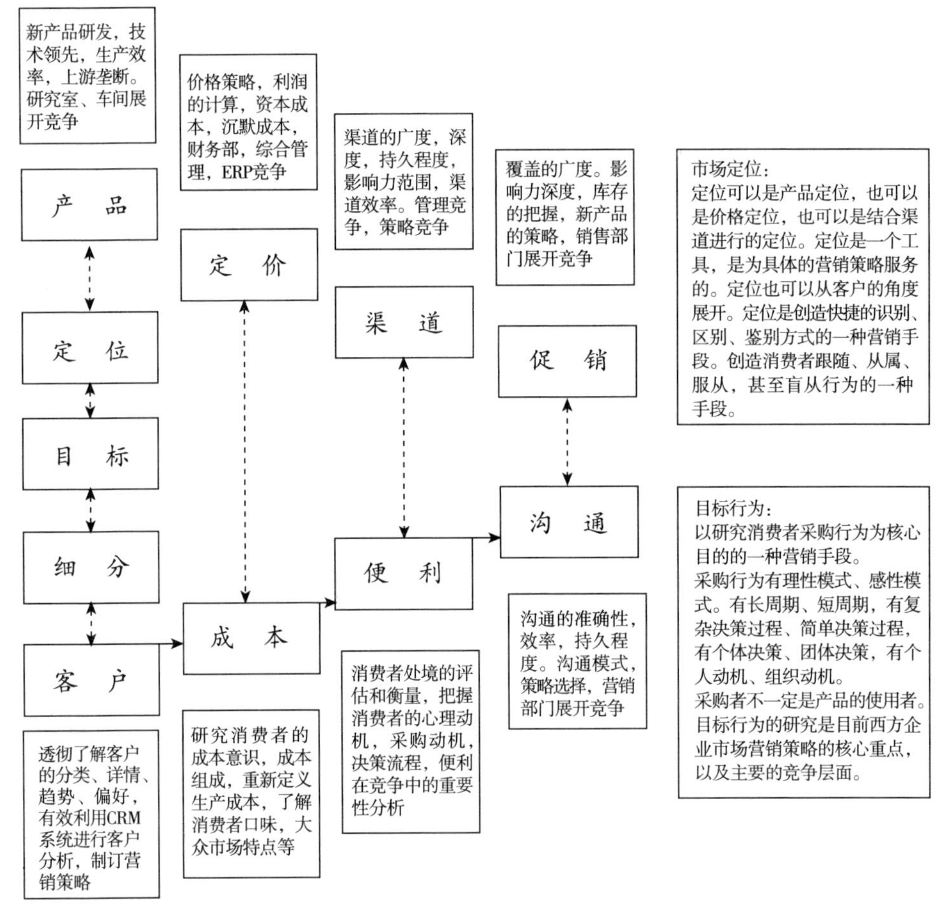

图 12-1　营销管理全流程地图

测试题 THINKING GAME 2.0

|选择题|

1. 宝洁公司销售的舒肤佳香皂，宣称“多重抑菌配方，抗菌率高达 99%”，这实际上就是：

   A）明确产品的动作　　B）明确定位的动作

   C）明确价格的动作　　D）明确细分市场的动作

2. 苹果手表早期投放市场时，给更多的时尚界人士佩戴，这其实就是哪个手段的落实和运用：

   A）定价手段　　B）品牌定位手段

   C）市场细分手段　　D）目标客户手段

3. 可口可乐公司不断强化“激情四射”，这其实就是：

   A）产品手段　　B）促销手段

   C）定位手段　　D）细分手段

|思考题|

就你的企业，来综合论述一下这 11 种手段的表现情况吧。

MARKETING GAME

13

产品营销三段论

KEY WORD

·关·键·词·

产品周期

一件产品开始投放到市场中，人们接受它需要一个时间段，通过各种营销手段，销量渐渐提高，这时就要继续推广,不然该产品就会快速走向灭亡，完成它的周期。

功能周期

一件产品的新功能被广泛接受后，就会成为该产品的必备功能，这时该功能就无法对该产品产生任何促销作用了，从而完成一个功能周期。

认知周期

人们认识一个品牌，然后渐渐形成品牌偏好，最后形成品牌忠诚，这是一个较长的过程，但一旦形成，也能够持续较长时间。不过，最终还是会达到一个高峰，然后逐渐下滑，从而完成一个周期。

/ DAY 22 / 三段论，不同阶段不同周期

一个企业决定将自己生产的产品推向市场，从时间节点上来说，第一个环节就是 4P：生产出产品，制定价格，找到渠道，通过让客户试用等营销手段，然后期望更多的人来到销售网点。这个环节的考核指标就是感兴趣的客户的数量。

到店客户多数都是被宣传文案吸引来的对产品感兴趣的客户。他们中有的人会询问几个问题，有的人则直接掏钱购买。企业安排销售人员负责接待来人，回答问题，收钱给货。这个环节的考核点就是成交比率。比率是一个相对性的数字，就是接待到店的客户总量中，有多少是成交客户。

客户买了产品后，会需要一些支持，比如安装说明、用法指导、注意事项等。总之，客户在使用产品的过程中，有权利要求企业给予支持、援助。企业还要备好易损件、维修的热线电话等。这个环节就是企业的售后服务环节，它的考核点是客户的满意度。

按照时间轴来看，这就是三个时间段，第一段是营销，第二段是销售，第三段是服务（见图 13-1）。

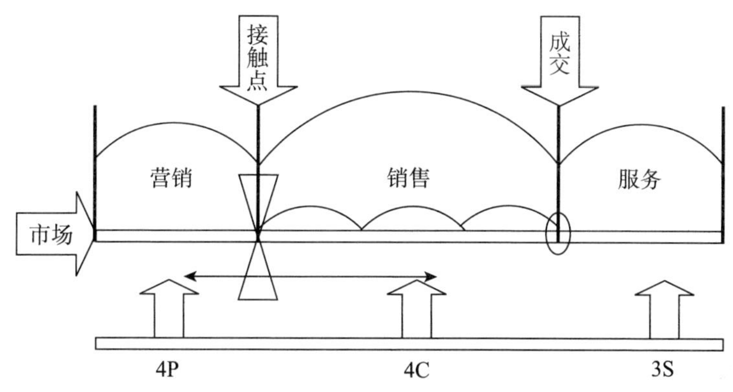

图 13-1 企业营销体系布局思路

4P 是营销管理的核心，分别是产品、定价、渠道以及促销。在快销品领域得到最广泛的应用和实践，同时也得到系统的发展。强调采购周期短、决策快速的产品要事先建立品牌认知度，以形成惯性购买的大众采购行为为目标。

4C 是销售管理的核心，分别是客户、成本、方便以及沟通。在工业品领域得到广泛的应用以及具体的实施。强调在漫长的采购周期中建立关系，维护关系的重要性。以提高销售过程环节的转化率为优先目标。

3S 是服务环节的关键，分别是标准化（Standard）、系列性（Series）和系统性（System）。通常在相应时间，通过接触客户的一线客服人员和相关设备工具进行落实。以解决问题的效率为最终衡量目标。

这种区分就是为了让企业的营销部门比较清晰地控制每个时间段的指标，从而能够把握三个周期：

1. 产品周期
2. 功能周期
3. 认知周期

某个事物或现象在间隔一段时间后重复出现，其第一次开始至结束的这段时间就称为周期。比如，一件产品过一段时间总会被市场抛弃，那么从进入市场到消失这个时间段就是一个周期。**有的产品周期短，有的产品周期长。**比如寻呼机，彻底退出市场了，而汽车现在还一直有销量。

测试题 THINKING GAME 2.0

|选择题|

1. 当年有一款“波导”品牌手机，现在已经销声匿迹了，这属于：
   A）产品周期过去了　B）品牌周期过去了
   C）功能周期过去了　D）认知周期过去了
2. 有一个叫“魅族”的手机品牌，现在也过了鼎盛时代，这属于：
   A）产品周期过去了　B）品牌周期过去了
   C）功能周期过去了　D）认知周期过去了
3. 现在的手机几乎都能够导航，这意味着原来那种传统的车载导航仪：
   A）产品周期过去了　B）品牌周期过去了
   C）功能周期过去了　D）认知周期过去了

|思考题|

请就你使用过的产品，举例说明它的产品周期、品牌周期、功能周期以及认知周期。

/ DAY 23 / 形成、成长、成熟、衰退

糖果好吃，但就算是没有自控力的孩子，给他足够的糖，他也不会一下子

全部吃完。比如今天给他足够的糖果，吃完后他就不会再吃了，再给也不会吃了，这就是饱和。也许他要三天后才会再想吃，那么这三天就是吃糖果的周期。在这个周期内，孩子对糖果没有兴趣。想吃了就是上升周期，不想就是下滑周期，不断循环。这就是所谓的周期规律。

我们都喜欢美的事物，人类审美的一个基础因素就是对称。如果一个人的眼睛一只大一只小，人们肯定不会觉得他美，至少多数人不会觉得这是美。同样地，走路一脚深一脚浅，这也是不对称导致的。但也有一种情况叫审美疲劳，如果每天面对美的事物，有一天也会看腻了，兴奋感会减弱。比如对美女，一段时间喜欢丰满的，一段时间又喜欢苗条的。时尚服装也如此，一段时间流行黑白色，一段时间就销声匿迹了，然后再过一段时间又再次流行起来，循环往复。一个国家的经济也是如此上行下行，不断地、有规律地进行周期性变化。

品牌认知也有周期性，也会消失，比如大米。现在多数人已不再追求大米的品牌，而是更倾向于随意选择。这时，早期为把大米做成品牌的企业为之投放的广告费就再也没有回报的可能了。

当一件产品变成大众基础需要的时候，品牌就消亡了。比如现在大众对冰箱的品牌偏好度相比20年前已大幅下降。人们的心理认知是，冰箱的功能无非是制冷、保鲜、省电、静音等，不可能再有其他特别的功能了。类似的还有刮胡刀、肥皂、毛巾等，这些产品都没有品牌的基础了，这就是品牌周期性消亡的必然。一段时间后，若产品有了全新功能，品牌意识还可以被重新唤醒。

测试题 THINKING GAME 2.0

|选择题|

1. 诺基亚曾经占有手机市场超过 45% 的份额，现在已经面临彻底退出市场的结局。那么，是什么周期让诺基亚陷入这个境地的：

A）功能周期　B）产品周期　C）品牌周期　D）认知周期

|排序题|

1. 如果人们还能够经过提示想起一件产品的品牌，或者对这个品牌的联想感觉很差，这说明以下哪个判断更有可能：

A）这个品牌周期还没有彻底结束

B）这个品牌已经在下行了

C）这个品牌还能够东山再起

D）这个品牌的产品不会再有销量了

2. 如果人们在购买了产品后的使用过程中，渐渐对产品功能不满，于是不再使用，这样的客户越来越多以后，该产品的哪个周期最先开始下滑：

A）功能周期　B）品牌周期　C）认知周期　D）产品周期

|思考题|

不妨回顾一下你购买过的东西，有没有热情过一段时间后就渐渐遗忘了，很久没有再碰过它？

/ DAY 24 / 以时间为间隔的规律现象

人们对企业的产品功能也有疲劳、厌倦、逆斥的阶段，这是人类心理规律。对品牌有，对产品也有。这时，挑战的就是企业决定开发一件产品之前，是不是知道这件产品终究会被厌倦？厌倦期大约是多久？哪类产品能够维持的时间长一点？品牌如何在遭遇厌倦期前迎接挑战，改头换面重出江湖？

下面介绍 3 个关于企业的周期规律：

- 第一，产品周期指的是一件产品开始投放到市场中，人们接受它需要一个时间段。通过第一阶段的营销手段，客户量和产品销量渐渐有所提高，这时，该产品就要继续推广，不然很快会走向灭亡。一件产品灭亡不要紧，可以推广另外的产品或者多件产品，去找客户相应的习惯周期。
- 第二，功能周期指的是产品的一个新功能，市场对其有一个接受挑战，接受后一段时间，会渐渐适应这些功能，又或者可能不接受。比如手机能够当梳子，估计这个功能就不太能够被客户接受。而手机能够照相就被市场接受了，等到该功能被广泛接受后，就不能再强调它了，因为该功能已经成为每个手机的必备功能了，也就对早期用上这个功能的产品不能产生任何促销作用了，这就是功能周期。
- 第三，认知周期指的是人们认识一个品牌、了解一个公司有一个缓慢的过程。首先认识并接受一个品牌，然后渐渐出现偏爱，形成品牌偏好，最后形成品牌忠诚。这是一个较长的过程，但一旦形成，也能够持续较长时间。不过，这个周期最终还是会达到一个高峰，然后逐渐下滑，直到周期结束。

周期就是一种规律现象，以时间间隔为标志，从低到高，再到低，然后可能会再高，无限循环。

测试题 THINKING GAME 2.0

|排序题|

1. 一件产品投放到市场的初期，市场对它的了解有限，因此销量较低。随着企业的广告宣传发挥作用，了解产品的人渐渐增多，销量开始有起色，并逐渐达到供不应求。然后，企业扩建厂房，员工加班加点，产量增加，销量却开始下滑，并一直下滑。这就是一个完整的产品周期：导入期——上升期——高峰期——下滑期。你认为，企业应该在产品周期的哪个阶段投放大量广告：

A）导入期　B）上升期　C）高峰期　D）下滑期

2. 随着销量的提高和竞争对手的进入，客户对产品功能渐渐熟悉。当熟悉的人数发展到一个高峰时，就要走向低谷了。这就是功能周期的四个阶段：好奇了解期——熟悉运用期——习以为常期——不再关注期。那么，你认为企业应该在功能周期的哪个阶段加大产品研发力度：
   A）好奇了解期　B）熟悉运用期　C）习以为常期　D）不再关注期
3. 认知周期是围绕企业的品牌展开的。客户对一个品牌的认知周期有五个阶段：看到品牌——记住品牌——产生好感——略有不满——不再记得。你认为，企业若要加强品牌的传播，应该重点在哪个阶段投入费用，预期效率最高：
   A）看到品牌　B）记住品牌　C）产生好感　D）略有不满
   E）不再记得

|思考题|

你对一个品牌有好感表现在哪些具体的细节？

/ DAY 25 / 周期背后深入的规律

仅仅一个产品周期概念，就被美国企业家研究了整整 15 年，之后融入到企业市场部、战略发展部。随后，一些企业进一步在这个主题上深究，扩展了产品周期的概念，形成了功能周期、认知周期以及品牌周期，并揭示了这些周期背后更加深入的规律。

1. 周期消亡

功能是会消亡的，即便是再有用的功能。比如小霸王学习机的复读功能，它不是消失了，而是没有必要用一个专门的产品来展现它，可以将它融入到手机里。从客户的视角看，当功能被替代，或者功能变得普遍时，就算消亡了。

因为到那时客户不会被这个功能吸引，也不会再关注这个功能。

产品消亡有两种可能，一种是新的产品替代了这件产品，一种是人们不再需要这件产品了。竞争和研发都会导致目前流行的产品更快地走向消亡。

品牌也是会消亡的。人们可能还记得这个品牌，却再也不会有任何购买冲动了。产品消亡会导致品牌消亡，功能消亡也会导致品牌消亡。

规律就是有长有短有消亡。企业可以通过投资、研发、转移，来避免陷入消亡时才醒悟的为时已晚的境地。

2. 制约因素

除了企业自己的投资方向和重点的调配外，还有市场需要这个层面的变化速度，以及同行竞争表现。产品、功能、品牌的趋同性越强，周期越短。

比如，惠普在2005年就意识到PC市场的进入门槛越来越低，十年间，价格逐年下降，竞争趋同，不再有鲜明、额外的技术创新，市场上新产品周期越来越短。这就意味着，研发投入难以收回，整个行业将变成几乎没有利润的市场。这时惠普就需要规划十年的退出方案，同时寻找新的领域，比如强化打印机领域的研发和投入等战略措施。一旦一件产品变成大众需要，企业就要规划退出步骤，做好全身而退的准备。

3. 周期策略

了解周期的规律，从而制定制胜的策略。企业的资金投入就是策略的表现，比如投入研发，就是不断迭代新功能，抗衡功能周期的衰减。应对周期规律的策略就是根据不同阶段采取不同强度的投放力度。

空调的功能是逐渐完善的，比如静音功能，而这个功能缺乏足够的技术含量，很快就会被复制，变成大众需要，这个时间也就是8个月左右，包括从产品研发部启动这个功能的研发，到落实在组装流程中的时间。那么，这时可能需要增加新的功能，比如除湿功能，同样，也是8个月就没有独特优势了。当你预计一个新功能只有8个月寿命的时候，你的市场推广费用就只能覆盖3个月左右，再多时间实际上等于是在为竞争对手开路。没有规划好的迭代方案，就要做出退出规划。

测试题 THINKING GAME 2.0

|选择题|

1. 企业在发展决策中充分认识周期背后的规律，这么做的核心目的是：
   A）扩大市场占有率　　B）增加产品利润
   C）鼓舞企业员工的士气　　D）决策3~5年后的产品规划
2. 如同马拉松长跑，企业建设品牌也是长跑。长跑并不是一开始就发力，这是基于对长跑过程中不同时间点的人体规律而做的决定。那么，你认为如果有效地运用品牌周期，能否延长周期呢？真正为了延长品牌周期，也就是为了让企业品牌对市场影响力时间长一点，应该加强哪个方面的投放：
   A）产品的价格
   B）产品的全新功能
   C）已经成交客户的售后服务
   D）员工对企业忠诚度
3. 全世界不同国家都有创业者，也都有类似的规律，那些长久经营、屹立不倒的企业，实际上都是：
   A）具有更多的专利保护产品
   B）熟知各种周期规律，提前布局
   C）灵活性强，研究竞争态势随时调整
   D）具有优秀的企业文化

|思考题|

请尝试分析你自己企业销售的产品，现正处在产品周期的哪个位置，功能周期的哪个位置，以及认知周期的哪个位置？

/ DAY 26 / 网络的发展对周期的影响

互联网颠覆了很多行业，尤其是传统行业，而本质上，它颠覆的是与信息有关的一切。人们不用出门买报纸，也可以利用手机、电脑读到新闻；不用出门买书，利用手机、电脑也可以看书；甚至不用出去吃饭，通过网络下单，有餐厅会把餐食送到门口。

营销，本质上就是传播信息影响人们。传统的营销过程中，信息多数是通过报纸、广播、传单、招贴等形式进行传播的。网络改变了这一切。论坛、网站、朋友圈、微博、博客等，都是互联网出现后的传播方式。

商场超市中产品的摆放、陈列也是一种信息，消费者浏览时，实际上就是看产品的信息。不过这点也通过网络解决了，消费者现在不用到现场直接触摸产品，通过看网络上的图片（也是产品的信息）就可以决策购买。这种方式从而形成了网络商业。互联网信息的传播成本低、速度快，让传统的商场超市日渐式微，让传统的媒体广告也日薄西山；而通过网络传播产品的信息正大行其道。客户改变自己习惯的速度也非常快。在网上看产品，然后比较价格，搜索相关信息，看其他用户留言，最后决定下单，这些都是在电脑屏幕前完成的。

企业不用花钱租实体的场地，不用请导购，不用缴纳电费水费物业费，于是就可以给产品定一个较低的价格。客户也从中得利了。省去了中间环节，节省了费用，这种双赢的局面，必然能够兴旺，但也必然会让一部分企业失利。

网络信息高速传播，最终导致了各种周期的加快。比如床上小桌，过去通过传统渠道铺货全国，缓慢销售，可以持续5年；而网络开店，仅仅8个月，市场就饱和了，产品周期大幅度下滑。

现在，信息的传播速度就如同江水快速流过，难以在人们的脑海中留下深刻的印象。于是企业树立一件产品的品牌从起步开始就是高投入，且长期难以形成消费者对其的记忆、认知、好感、忠诚。

测试题 THINKING GAME 2.0

|选择题|

1. 在日本、韩国服装行业流行的“潮牌”就是互联网的一种代表物。过去，企业、服装设计师推陈出新的速度很慢，而现在，市场上每年都会推出款式新潮的流行服饰，导致的结果就是现在人们记不住任何品牌，索性统称为“潮牌”。实际上，这符合了：

   A）时尚行业的特点　　B）传统行业的规律

   C）互联网海量信息的规律　　D）互联网信息获得的规律

|排序题|

1. 互联网凭借信息的传播速度、低成本，形成了海量信息，导致如今的企业中，哪个周期受到的影响最大：

   A）产品周期　B）品牌周期　C）功能周期　D）认知周期

2. 了解了互联网的特点，以及它对各种周期的影响后，你认为在此背景下，企业确保能够长期发展需要强化以下哪个实力：

   A）市场预测能力　　B）战略决策能力

   C）战术决策能力　　D）灵活应变能力

|思考题|

请回顾自己的领域，互联网对你所在行业的影响具体表现在哪些方面？

MARKETING GAME

14

互联时代的全营销体系

KEY WORD

·关·键·词·

影响力

企业设计、制造、推出自己的产品，首先要实现的就是形成影响力。影响力是依靠信息传播来激发受众的心理变化。如果心理变化表现到行为上，那么，影响力就是巨大的。

/ DAY 27 / 互联时代营销对策

遭遇网络时代，可能不是我们每个人主动的选择。感慨、叹气都没有用，最关键的还是要拿出对策。

没有技术含量的产品，周期将会很短。如果你销售的就是这类产品，比如标有苹果公司标识的帽子，你的策略就应该是再制造标有微软公司标识的帽子，或者奔驰标识的帽子。总之，就是要加快新产品投入市场的速度。

大众消费品的竞争策略则是不得不强化特殊功能，并创造消费者对这个功能的需求，比如生产香皂的企业，可以生产儿童专用的抗菌皂。人们日常生活总是要使用快速消耗类别的产品，而这类产品渐渐被宝洁这样的大公司占领了市场。它依靠的就是不断传播一个不变的功能信息，时间一长，消费者认知渐渐固定，当需要抗菌这个功能时，就会自动购买宝洁的产品。又或者若消费者持无所谓态度，即反正香皂都能够杀菌，又了解宝洁是大公司，也就会随意购买它旗下任意一款产品。[①]

认知周期的建立时间较长，提高了竞争的门槛。**致力于长期发展的企业，不会计较一时的得失，而是会投入重金建立消费者认知。一旦品牌在市场中形成消费者主流认识，也就占据了市场的制高点。**信息量若大，客户就会记不住，因此企业不能频繁更换传播的核心要点，而要慎重地考虑周全，一旦做出决策，长期不动摇。

人们对网络信息的关注也是有规律的，就是从众。一旦网络上形成了一个热点，企业就要跟进这个热点主题，围绕热点展开信息内容的设计。**设法将产品关联上热点词汇，也能够获得一定传播流量。**

如果能够设计有技术含量或者有专利的产品，应该控制销量，提高价格，赚到较高利润。一段时间后，若竞争对手能够仿制类似功能，就开始大幅度降价，也就是用前期挣到的利润保护现在的市场份额。这也是一种有效的策略。

测试题 THINKING GAME 2.0

|选择题|

1. 在网络时代中，传统企业面临的实际上是：
   A）业务的转型
   B）结合互联网
   C）重新创业，进入互联网行业
   D）退休了，享受互联网带来的好处

---

① 2016年9月，美国药监局发文要求全美下架所有涉及除菌、抗菌的肥皂，理由是没有实际功效，误导消费者。而宝洁公司依靠这个产品，从2004年以来，盈利过亿。可见，需求是创造、引导出来的，是对准潜在客户内心需求而来的。最近中国一些商家推出儿童酱油，立刻成为爆款，背后是一个道理。

2. 一个地区经济的发展，实际上与互联网的成熟程度有关系，你认同：

A）一个地区信息流动慢，就落后

B）一个地区信息流动快，就比较发达

C）一个地区信息流动慢，人的思想陈旧

D）一个地区信息流动快，人的思想灵活

|排序题|

1. 互联网时代中，每个人与自己家人的关系也会受到影响，以下这些实际差异能够影响家人之间关系的是：

A）家人之间文化水平不同

B）家人之间网络获取信息量不同

C）家人之间收入不同

D）家人之间年龄不同

|思考题|

观察自己的家人每周通过互联网获取信息的量有多大差异。

/ DAY 28 / 真正有影响的三类信息

传播信息，影响人们。无论你今天看到什么信息，都会对你产生影响。对人真正有影响的信息有三个层级：

1. 与自己现实情况有关的信息

比如，现在吃的大米、喝的水、呼吸的空气，这些信息能够直接影响你思考自己的实际情况。

2. 与自己将来发展有关的信息

比如，三年后你能够在公司晋升，五年后能够买得起房等。

3. 与自己周围人有关的信息

比如，你的同学获奖了，你的老乡出名了，你的邻居用的洗衣机等。

影响程度又分三个：

1. 好奇心
2. 好感
3. 拥有感

利用以上对人产生影响的三个层级信息，首先让接收信息的人产生好奇心，能够调动初期用户的兴趣。如果客户开始主动搜集相关信息了，说明他们开始考虑该产品与自己的关系，无论是与自己的现状有关的，还是与将来可能出现的变化有关的，都会渐渐在心里形成倾向。比如，这东西可能对我有用，这个功能能够解决我的一个具体问题，这个设计挺好看的等。这些都是好感，继而便会产生拥有感，也就是客户头脑中开始设想拥有该产品后将会如何。

企业设计、制造、推出自己的产品，首先要实现的就是形成影响力。影响力依靠信息传播到达受众，从而激发受众的心理变化。如果受众的心理变化表现到了行为上，那么，影响力就是巨大的。2015 年 7 月 16 日，北京三里屯优衣库门口出现了比往常多 5 倍的人流量，这就是前一天网络上流传出试衣间性爱视频后的现实行为，说明影响力巨大。

低俗、庸俗、恶俗类信息都是与个人情况有关的信息，也是在社会底层人群中传播最快的信息，这也意味着优衣库的中高档产品销量将渐渐下滑，向大众媚俗，降价，促销，进而变成地摊货已经指日可待了。

测试题 THINKING GAME 2.0

|选择题|

1. “一孩子的童车安全吗？一安全源自支架的受力设计与材料的加工。”
这段对话内含的信息对人产生的影响表现在哪个层级：
A）与自己现实情况有关的信息　　B）与自己将来发展有关的信息

C）与自己周围人有关的信息　　　D）都有可能

2.“酷暑，夏日，来一瓶，冰爽，解渴。”这样的信息试图实现哪个程度的影响力：

A）好奇心　　　B）好感

C）拥有感　　　D）记忆

3. 麦当劳的广告语“我就喜欢”，试图实现哪个程度的影响力：

A）好奇心　　　B）好感

C）拥有感　　　D）记忆

|思考题|

进一步了解你的家人关注的信息类别，和你关注的信息类别相比，差异体现在哪里?

/ DAY 29 / 无形商品的营销

回顾本篇开头，我们从市场层面切入了信息的传播，用来达到企业的目标。学习了企业在竞争过程中，不断为克服出现的障碍而做出各种努力，从而形成的许多营销方法、术语、套路。之后定型为各种营销模型，用于不同阶段的市场和不同的产品，以及发展中的客户。

企业推广的产品可以是毛巾、肥皂、可乐、冰箱、婴儿车等，这些都是具体的有形产品。但如果要推广的产品本身就是信息呢？比如一部电影、一档电视节目、一个社群呢。这些都是无形的产品，但也有市场。越来越多的人愿意花钱走进影院看电影，但走出影院时手里并没有什么东西。他们实际消费了娱乐，而娱乐是由信息构成的。当人们阅读电子书的时候，手里没有有形的纸张，而是一个电子设备中购买的数字文件，也就是组织好的信息。

向市场推销信息类无形产品的方法有三种，以电影为例：

1. 披露部分信息

电影海报就是披露影片的部分信息，比如演员、导演或者剧情，用来吸引人们消费。

2. 推动信息输出，外显人们的变化

比如，分享影评，鼓动社交媒体评论，展示观众观影之后的情绪变化等。

3. 引导人们进行信息互动

制造热点事件，激发大众议论，并鼓励群体跟风话题。

一本畅销图书从确定选题、进行编辑、征集书评，到最后推向市场，组织学者、专家、学生参与研讨会，并进一步制造热点，推动这类话题信息不断地涌向市场，覆盖媒体，引发读者的购买欲。这就是文化产品的传播和营销过程。

电影如此，图书如此，教育产业也是如此。比如新东方英语早期的销售，准确把握了学生补习英文的需求，利用广告披露参加新东方英语学习的学生考到的高分，并邀请试听、鼓励互动，进行招生。尝试思考一下华尔街英语的销售过程，对比以上三种方式，来理解文化领域产品的营销套路。

测试题 THINKING GAME 2.0

|选择题|

1. 某读书会成员将自己参加学习后的改变介绍给其他朋友，希望他们也加入该读书会。这样推广的方式实际上是哪种：

A）披露部分信息　　B）推动信息输出

C）引导信息互动　　D）纯朴的没有方案的推销

2. 某读书会成员将自己的读书笔记、心得体会分享到朋友圈。这种做法符合哪种推广形式：

A）披露部分信息　　B）推动信息输出

C）引导信息互动　　D）纯朴的没有方案的推销

|排序题|

1. 无形的文化类产品或者教育类产品，让学员之间交流与互动，实际上最能够加强以下哪个方面：

A）对知识的渴望　　B）对知识的理解

C）对知识的兴趣　　D）对知识的热爱

|思考题|

请谈谈你与周围朋友之间就某一文化类产品的学习和收获进行过的交谈，以及对方的反馈。

/ DAY 30 / 人人都是影响者，人人都是被影响者

市场营销原本是企业推动的，针对客户发布更多的信息，从而影响人们去购物、消费。如今网络时代，信息传播更加方便，也就更加随便；更加廉价，也就更加无聊。营销已经不仅是以产品为核心了，也包括传播一些理念、价值观、审美观。比如每年的奥斯卡颁奖典礼，本来是一个电影行业自娱自乐的盛会，由于媒体的传播，已经变成了大众盛典，结果就是人们用更多的时间看电影。这就是营销的无形化。如今，朋友圈的一条分享都能够成为一条信息推送，有可能其背后是有目的的，也可能是无意的。但即使是无意的，也可能真有朋友询问那辆自行车是从哪里买的。

这就是随时随地、犹如空气一样的营销。到处都是信息，有的是故意传播给你看的，有的其实就是无意识地炫耀分享。每个人都参与发言，大声说话，积极分享，为的是得到更多的赞、更多的订阅、更多的粉丝。

营销，过去是企业面对客户销售产品，如今发展到个人面对社会推销自己。也影响到社区之间的群体彼此互动，增加了更多的信息交流，促进了透明和彼此的了解。信息传播是企业推动的，终于技术突破，允许所有人进行自己的信息传播，独立电台、独立媒体、独立杂志、个体微博，所有的表现都是传播每个人。

整个社会就是营销的缩影，人人都是影响者，同时又是被影响者。因此，我们每个人都应该规划自己的营销信息。

1. 确定自己的核心优势；
2. 确定自己面对的市场，匹配心中想好的梦想；
3. 定时通过网络推送编制好的系列信息。

深入参与这个时代的信息盛宴，不能因为个体声音小，就允许自己边缘化，参与进来，发出自己的声音，拥抱这个网络时代。

测试题 THINKING GAME 2.0

|排序题|

1. 营销作为企业向市场推广自己产品的一个策略工具，传播信息，影响人们。哪个词汇最重要：

A）传播　　B）信息　　C）影响　　D）人们

2. 随着产品的生产、制造、设计的门槛不断下降，企业之间竞争开始加剧，于是企业进一步完善营销体系。不过营销的本质，即传播信息影响人们，并没有发生变化。这个阶段中，哪个词汇更加重要呢：

A）传播　　B）信息　　C）影响　　D）人们

3. 网络时代中，企业之间对市场的争夺加剧，实际上是企业对客户的控制能力不断下降，客户自己更有见解，可选择的产品也不断增加，不过企业营销还是传播信息影响人们。这时哪个词汇更重要了：

A）传播　　B）信息　　C）影响　　D）人们

|思考题|

作为网络时代的个体，你无法逃避，还是参与进来吧。你打算从哪里入手开始传播信息影响人们？无论基于什么目的，你都要开始着手规划，然后逐步落实。

扫码获取第二篇 21~30 天的测试题解析

THINKING

第三篇

用脑，销售中的全脑博弈

GAME

用脑可以拿订单，用脑可以决胜市场。用脑是核心。用脑如同用手、用脚。用手可以挪动物体，用脚可以改变自己的位置。用脑，可以影响别人。用手用脚，看得见；用脑，也可以看见。用眼睛收集信息和用耳朵收集信息，就会导致用脑程度的不同。开始第三篇的旅程吧，真正用上脑力。

扫描二维码，
听孙路弘老师为你讲解本篇的思考要点

THINKING GAME

15

理性与感性

KEY WORD

·关·键·词·

理性

是人的一种思维状态，倾向逻辑因果的方式，依靠事实、数据、证据对事物进行判断的方式。

感性

是人的一种冲动的表现状态，凭接直觉，依靠一时的灵感对事物进行判断的方式。

习惯

周期性出现的重复行为就是一种习惯，比如早起刷牙，或者读书时做笔记，都是习惯的表现。

/ DAY 1 / 理性，形成理性思考模式的四个阶段

美国有个犹太人，生意非常成功。它收购公司履行合约时总是比签订的合同价多给 5%，这导致日后很多企业都先找他评估自己的公司，问他是否愿意参股。有记者采访他，他说："小时候我家里穷，班里其他孩子家有钱，他们总是拿我开心，说'今天我带了钱，可以白给你。'然后伸出两只手，一只手里有一元，另外一只手里有 5 角。让我随便拿，但只能拿一只手里的。每次我都拿 5 角。差不多每个星期，学校里不同年级的不同学生都找我玩同样的游戏，每次我都选 5 角，他们也都很开心。可如果我选一元呢？"

理性是一种思维方式，表现出来就是行为。选择 5 角就是行为，选择的时候想了什么，就是思维。思维方式本身是看不见的，也仅仅能够通过行为看出来。不过，即使看出来了，也还是不一定能理解。

我们再举一例。找 10 个人，让他们估算一下 1×2×3×4×5×6×7×8 大概等于多少，一定要立刻估算，不能心算，然后把他们第一反应说出来的估值

记下来，算出平均值。第二天另找 10 人，让他们估算 8×7×6×5×4×3×2×1 大概等于多少，同样记录下来，计算平均数。

你会发现，从 8 开始的连乘得到的平均估值要比从 1 开始的连乘得到的平均估值大。**人的大脑中有一种模式，先看到的数字大，潜意识就会觉得大；先看到的数字小，估值就小。**

人类渐渐成为地球上万物的主宰，靠的就是思考。通过思考，人类渐渐形成了理性思维模式，而形成过程经过了四个阶段：

1. 实验方式：依靠摸索、尝试来实现目的。
2. 类比方法：把看到的事情进行对比，从而得出一些判断，用于下一个阶段出现的事物上。
3. 归纳模式：将多次发生的同类事情连续起来进行比较，并得出判断，用于将要出现的事物上。
4. 演绎逻辑：从已知的事情推导出新的判断。

演绎逻辑出现后，人类驾驭自然、控制万物的能力飞速发展，这个阶段被当作人类理性的起源。

测试题 THINKING GAME 2.0

|选择题|

1. 当走进超市的顾客对所有商品有一种物美价廉的感觉，放眼望去，看到的都是优惠、折扣、超低价时，超市就达到目的了。这个思维方法属于：
   A）实验方式　　B）类比方法
   C）归纳模式　　D）演绎逻辑
2. 有人觉得既然我们在这个世界上需要花钱，那么亲人去世到另外一个世界也需要花钱。于是，索性烧钱让他们在那个世界花。这个思维方式属于：
   A）实验方式　　B）类比方法
   C）归纳模式　　D）演绎逻辑

3. 乔治·华盛顿将军 1776 年抵抗英军的时候，军队遭遇天花。华盛顿 19 岁时得过天花，因此对天花有免疫力，一个多月就好了。华盛顿将那些得病士兵手臂上的脓包挤出，将脓血涂抹到未患病士兵的伤口上，如果没有伤口，就用刀划开小伤口。这么做的结果是 40 个人染上天花后只有 1 人死亡，成功控制了原来 50 个染病士兵 38 人死亡的比例。华盛顿这么做，属于哪种思维方式：

A）实验方式　　B）类比方法　　C）归纳模式　　D）演绎逻辑

/ DAY 2 / 感性，趋利与避害两大本能

感性是人的本能意识驱动而表现出来的行为。手触碰到滚烫的水会本能地缩回来；面对金钱的诱惑，会本能地想据为己有，且越多越好；看到美食，会本能地想吃掉。

表现出来的行为实际上是受到身体器官的控制，而不是大脑。是鼻子闻到香味后，驱动大脑去寻找香味的来源。这就如同人类操控狗，用肉就可以把它吸引过来。用食物控制动物是人类最高超的技巧，可以驯服海豚、大象、狮子等。这些动物的行为都是被器官驱动的，人也会被胃驱动去找吃的。

感性行为背后没有大脑的理智参与，不是一个慎重考虑后的决策，而仅仅是本能的动物表现。所以，当被安检告知不能带液体上飞机时，就干脆一口气喝完。这是本能的避免损失的行为，却不知道随后会有更大的损失。随后而来的损失就是前一个行为的必然后果，感性动作背后没有思考，所以并没有想到后面必然出现的结果反而扩大了本能反应试图避免的损失。

人类的感性本能只有两个是基础的，即趋利和避害。其余都是从这两个基础衍生出来的。

销售活动是人与人之间互动的活动，销售顾问试图通过这个活动拿到客户的订单，客户通过这个活动找到符合自己需求和预期价位的产品。双方都是被趋利、避害这两个基础本能所驱动的。就算不是销售活动，同事之间、同学之间、朋友之间的交流与互动也是如此。趋利和避害已成为所有互动中一切本能反应的基础源泉。

两方互动，若我是理性的一方，就能够推测出对方在听到我说的话后的行为，并评估对方表现出的行为是不是我要的。如果不是，那我就不说那句话；如果是，就多说那句话。这就意味着，两方互动过程中，理性一方能够推动事情的发展按照自己的意图进行，而不是无法预测，代之以灵活应对、见招拆招的架势。这样一来，理性的人总能够实现中长期的发展目标。

测试题 THINKING GAME 2.0

|排序题|

1. 客户在家具店看中一套家具，于是询问价格。销售顾问给他讲解了家具的质量、材料、工艺等，也告知了价格。客户有些犹豫，表示还要考虑。销售顾问说：“您如果今天购买，我就给您打一个对折，现在正是促销阶段，明天就结束了。”
   请你判断一下，这个销售顾问说这番话，试图达到哪个目的（最有可能的目的排在前面）：
   A）争取这个客户现在就下单　　B）争取这个客户多买一套
   C）争取这个客户不要讲价了　　D）争取这个客户不要去别家看了
2. 如果客户是感性的，听到销售顾问的话，通常会有哪些行为（最有可能的排列在前面）：
   A）现在就下单
   B）那就多买一套

C）对折的价格，真好，再免费赠送个茶几

D）还是去别家转转再回来

|选择题|

1. 以上案例已经告诉我们，销售顾问用什么话术促成买卖，其实要看客户是理性还是感性的。也就是说，销售顾问最初接待客户的时候，就要在言谈话语中收集各种信息来判断客户是理性还是感性。以下哪个信号能够判断一个人的理性：

A）穿着比较讲究，几乎都是名牌

B）讲话速度较慢，回答提问时要沉默一下

C）询问产品价格、优惠政策超过 4 次

D）询问销售顾问在这里工作多久了

/ DAY 3 / 理性与感性相结合

今天我们学习理性与感性的结合，以及行为模式的转变和调整。

理性与感性都是外在表现的一种行为。理性有思考基础，感性仅仅是行为。当然，两类人在一件事情上的行为是看不出来理性还是感性的。只有当事情发展到下一步，看谁的行为更符合下一步应有的结果。有时，理性人的决策也是错误的，不过长期来看，理性人仍具有优势。

老师，我不想销售这款车了，这个品牌的车毛病太多，我又不愿意欺骗客户。更何况，自己都不认同的产品，怎么向客户介绍啊？

说类似这种话的人很多。不妨通过以下两个行为设想一下，这个人的理性程度如何。

1. 这个人对现状进行了判断。
2. 这个人依据判断做出了自己的决定。

理性的人做出一个决定，通常都有做这个决定的依据。这个销售顾问的依据有两个：

1. 自己销售的车有毛病，而且这个品牌的车毛病比较多。
2. 自己不愿意欺骗客户。

第一条应该来自这个销售顾问的工作体验，比如做了一个月的销售工作，遇到的客户说这款车不怎么样，或者听到了其他销售顾问对这款车的评价，也有可能在社交媒体上看到购买过这款车的用户的留言。

对于第二条得多问几个问题。销售汽车需要欺骗客户吗？产品有毛病要对客户隐瞒吗？

如果一个人对自己做出的决定有依据，说明这个人开始有了理性的意识，下一个发展阶段就是提高理性的级别，有三个影响因素：

1. 考虑因素的数量；
2. 考虑因素的涵盖面；
3. 考虑因素的连续性。

如果你打算成为一个理性的人，那么可以利用上述三个方面，评估周围人的理性程度。如果很低，就可以当他们为感性之人，然后尝试通过有步骤、有计划的行为影响他们来实现自己的目的，让他们随后出现的行为恰好符合你设想的。

测试题 THINKING GAME 2.0

|选择题|

1. 考虑因素的数量能够表现出一个人的理性级别。比如，我决定看《星际穿越》，是考虑到自己能从中得到启发，讲课能够用上，能够把握美国科幻片的脉搏，与朋友交流时能够有话题。这些类似的理由越多，理性级别就越高。

   这说明，如果要了解一个人理性还是感性，主要依靠：

   A）对这个人多提问，听回答　　B）让这个人多提问，听问题

   C）听这个人对事情的评论　　D）看这个人的各种行为

2. 考虑因素涵盖面的广泛性能够显示一个人的理性级别。比如，"看《星际穿越》时我会考虑到很多观众没有看懂，会考虑到自己教育工作者的能力，也会考虑到影片中好多细节体现逻辑关系。"这已经考虑了三个方面，一个是其他观众，一个是自己的职业以及长项，一个是影片中的细节。你还能够扩展，观众如果是青少年会有什么感受，这群青少年十年后看会如何。总之，你扩展的范围越广泛，理性级别就越高。

   这说明，如果要深入了解一个人的理性程度，你的策略应该是：

   A）听对方能够提出多少问题

   B）从对方提出的问题中进行分类

   C）看自己能够回答对方多少问题

   D）看对方能够回答多少问题

3. 考虑因素的连续性，即就一个事物进行深入思考，考虑到的内容之间都有连接关系。比如《星际穿越》的观影群体是青少年，十年后再看会如何，影片中哪些孩子的表现具有启发性，影片中的孩子阅读什么图书……这些问题都有连贯性，都存在内在联系。

   那么，如果要提升自己的理性程度，应该重点练习：

   A）增加自己的阅读量

   B）增加与人交流的时间

   C）反复阅读一本书，扩大自己提出的问题总量

   D）不断尝试回答自己提出的问题

THINKING GAME

16

习惯与意识

KEY WORD

·关·键·词·

意识

是人类特有的思维层面的机制。能够感知到事物，知道对该事物的感觉，并能够把这个感觉表现出来，这就是意识。

本能

是人的一种条件反射的表现。

/ DAY 4 / 习惯，下意识表现出的行为

习惯有两种：一种是行为习惯，一种是思维习惯。

行为习惯包括观察习惯、走路习惯、坐姿习惯、写字习惯等。有些习惯是不知不觉中形成的，有些则依靠专门训练形成。比如刷牙就是依靠训练形成的习惯，吃饭时嘴里出声就是不知不觉形成的习惯。刷牙是优良习惯，从小训练，容易形成，并固化为终身行为。吃饭时嘴里出声是不知不觉中形成的，不是好习惯，改变的困难程度会随着年龄的增长而加大。优秀网球运动员接球时的奔跑路线以及手挥拍的动作都是长期训练的结果。这些能够算是一技之长的习惯都是依靠长期、大量的重复行为而形成的。

人与人交往中，理性的一方能够一边与眼前的人交流，一边观察这个人的习惯动作。比如，一个理性的基金经理询问客户对想购买的基金有何种期待回报，该客户回答时看了一眼他旁边与他一起来的女士；在回答预计一次性投入多少金额购买时，又看了一眼旁边的女士。这其实就是习惯，基金经理通过客户的这个习惯就能看出，该客户购买基金的钱应该不是他自己的，或者旁边这

位女士才是真正的决策人。

做销售工作，需要练就的才能都是与人打交道过程中用得上的。这些才能无非就是能够准确判断出对方的意图、对方尝试掩藏的意图，或者连对方自己都不是非常清楚的内心深处的那些动机。这些用得上的判断、决策，以及随后应对的方式、方法、内容，不仅对销售工作有用，对管理工作也有用，同样，对谈恋爱、教育孩子也用得上！

习惯就是人们不由自主地表现出来的行为，或者言谈的方式。

尝试挖掘身边人的习惯，比如语言习惯、用词习惯、吃饭习惯、喝水习惯、走路习惯、打字习惯、做事的习惯、遇到困难时的习惯。留心观察，看到后写下来。等我们学到第 19 天的时候，你的观察就能够用上了。

测试题 THINKING GAME 2.0

|排序题|

1. 以下哪个影响因素更能够轻松培养良好习惯：

   A）落实行动后，得到奖品　　B）没有落实行动后，受到惩罚

   C）落实行动后，内心高兴　　D）没有落实行动后，心里难受

2. 几乎所有良好的习惯都需要外在因素作为初期推动的力量。对于每天长跑的人来说，哪个因素的影响力较强（较强的排在前面）：

   A）健康的身体　　B）异性的目光

   C）竞争动力　　D）奖品、奖牌

|选择题|

1. 有些人知道一个习惯不好，比如抽烟，却仍然重复这个行为，让一个自己认为不好的习惯控制了自己。这种情况下，还不如索性就不知道这个习惯的危害。这个判断是基于：

   A）认识到自己战胜不了自己的习惯，带来挫败感

   B）改变坏习惯要比培养好习惯耗费的时间长

C）坏习惯不多，保留下去也是挺好的

D）保留一个坏习惯，就可以培养较多的好习惯

/ DAY 5 / 意识，习惯在思维方式上的表现

意识就是习惯在思维方式上的表现，它分为两种：有意识和下意识。

意识是大脑内部的活动过程，不是所有意识都能够通过行为表现出来。而下意识多数都能够通过行为表现出来。比如，手碰到滚烫的杯子会立刻缩回；看到迎面而来的车会立刻躲避，但凭借本能躲避迎面来的车辆，可能会被另外一面来的车辆撞倒。如果旁边的一个人也快速躲避迎面来的车辆且安全的话，说明这个人的躲避是有意识的，不仅要躲避眼前的车辆，还判断了自己躲避的方向不会遭遇新的危险。

遭遇火灾，很多人会本能地开门，从自己习惯进出的路径逃生，而有意识的人会在开门前摸一下门，然后设法找水，找毛巾，在开窗前看看外面。有意识的人知道门外的火势情况后，也就知道开门后自己的安全情况是会更加糟糕还是能够有所缓解；也知道贸然开窗，反而可能会增加室内的氧气，把火从门缝中引过来。

人与人交往，虽然不用考虑对方说话、做事是下意识还是有意识的，但至少应该努力做到让自己有意识，这样你就能够评估很多事情。如果你是有意识的，就能够判断出对方做的决定是有意识还是习惯的，以及对方通过什么判断眼前的人是可信还是不可信。

若想培养自己的意识，可以参照以下三个具体的做法：

1. 写出你一天内的三个行为，也就是具体的动作，比如你说的一句话，做的一件事，写的一段文字都可以。
2. 以上三个行为的目的是什么，对应地写下来。
3. 从目的出发，还有什么其他行为也可以实现那个目的。每个目的至少想出三个不同的行为。

以上三个做法，可以按天进行，也可以按周进行。

测试题 THINKING GAME 2.0

|选择题|

1. “在回顾过去40年的日记时，总有一种感觉，我当时真傻，其实应该这么做，后果就会不同的。”长期这样回顾过去的日记，重新评估自己经历过的生活，于是结果就变成了：
   A）做事比较缓慢，总是要想一想
   B）做事比较果断，凭借灵活的能力随时调整
   C）做事比较清晰，达成自己目的的比率提高
   D）做事总是后悔，怨天尤人，埋怨自己
2. 有强烈意识的人会渐渐趋向理性，好习惯增多，坏习惯减少；能够战胜身体的需求，而追寻精神的满足。下意识的人多数停留在感性阶段，被身体器官驱动，渴了喝水，饿了猛吃，最后被肉体俘虏，成为动物的躯壳。人类社会无论是蒙昧蛮荒的时期，也无论是欧洲、亚洲、美洲，都是理性的人支配资源，并最终支配世界。这个结果背后的主要原因是：
   A）理性的人通常身体好　　B）理性的人通常有孩子
   C）理性的人通常睡眠少，有时间　　D）理性的人自我目的的达成率高

|排序题|

1. “我和女友恋爱超过两年了，遂决定与她商定结婚的日子。这时，女友非常严肃地问我爱她吗？”以下四种情况，哪种情况最能够反映出此人的自我意识水平较高：
   A）想到对方可能寻求爱的行动证明

B）立刻拿出一摞过去 16 周写给女友的信
C）立刻打开手机，向女友显示 8 个好朋友的证词短视频
D）立刻拿出写有女友名字的房产证

/ DAY 6 / 培养习惯，控制意识

习惯分为优良习惯和不良习惯，意识分为下意识和有意识。

人们在购买产品的过程中，总是要与产品的供应商打交道，这就是人与人交往中的一个部分。人与人交往的本质就是你来我往的信息交流，包括面对面的交谈，邮件往来的书面信息交换，或者单方面看到商家通过文字、图片、视频、音频等进行的广告宣传。这些都是信息，都在尝试影响人们。

在这种人与人互动的过程中，有人善于观察，同时能够将观察到的情况当作信息进行加工，把加工后得出来的结果用到进一步的交往中，从而成功地影响了对方的行为，得到了自己预想的结果。这就是有意识的人，总是有意识地指挥自己的行为，提高实现自己想法的比例，从而渐渐理性起来。

你检查过自己的习惯吗？比如洗脸用热水还是冷水？衣服更换有固定的习惯吗？每天都会观察周围人、事、物的变化吗？有记日记的习惯吗？有不良习惯吗？能够成为习惯的主人，从而控制不良习惯，并能够巩固、培养更多的良好习惯吗？

你是一个有意识的人吗？你能够设想自己每天的三个行为吗？比如早晨醒来，脑海中第一时间出现的不是必须做的事情，而是今天将非常高兴要做的一

件事，并预计能够通过两三种不同的做法、途径来实现这件事情。这样的动力推动你起床也是一种意识，要主动地控制自己的意识。

任何人一天的行为中必然会有自我意识控制的行为，也有下意识的本能行为。你能够从身边人的行为上探索出他们这些行为的目的吗？至少，你能够设想出他们可能的目的吗？理解别人行为背后的动机、目的，实际上也是一种映射自己内心目的的方式。

测试题 THINKING GAME 2.0

|排序题|

1. 你认为每次向主管打招呼说："你好，丽萨。"最直接的目的是：
   A）创造深刻印象，下次直接打招呼容易
   B）结识的机会，将来能够深交
   C）给对方创造机会解释自己的正确名字
   D）给身边的主管一个深刻印象
2. 从现在起，如果你想成为一个中等程度的理性的人，首先应该做的是：
   A）从做事想具体目的开始　B）从消灭坏习惯开始
   C）从培养好习惯开始　D）从建立梦想开始
3. 让自己理性起来，对一些人来说会觉得累。那么，你觉得累的原因实际上最可能是什么：
   A）身体上疲劳　B）精神上疲劳
   C）心理上疲劳　D）智力上疲劳

THINKING GAME

17

左脑与右脑

KEY WORD

·关·键·词·

左脑

人的大脑是左右分隔开的，之间有胼体连接，并有明确的分工。左脑擅长数字、逻辑、因果，右脑擅长画面、图形等。

全脑智慧

对事情进行判断时，不仅依靠直觉，同时也考虑理性逻辑的因素。通常这样做的结果是做出的判断更加准确。

/ DAY 7 / 左脑，逻辑思维的运用

最早确定性地讨论左脑功能的医生叫罗杰·斯佩里，他为此获得了诺贝尔医学奖。从此开启了大脑功能分区的全球研究浪潮，并渐渐形成了一门专业的学科：脑神经学，也叫脑外科神经学。

左脑的主要功能是对逻辑、数字、功效、目的、计划等方面的思考。人类通过地上的粪便，能够判断出动物的体积、走过的时间，这些思维活动都是发生在左脑的。这类思考需要建立很多逻辑因果，比如粪便量越多，说明动物体积越大；粪便的干湿状态能够说明排出体外的时间，从而能够推测动物走过了多久；通过第二堆粪便能够推测出动物行走的方向，以及大约走多远的距离这个动物不得不休息。

人与人交往中用到左脑的地方很多。比如判断对方能够帮助自己实现哪些目标；或者比较快速地判断新认识的一群人中，哪个人不太认同自己，哪个人比较认同自己。这些都是左脑逻辑思维的运用。擅长使用左脑的人就是理性的人，不太容易冲动，能够冷静地评估眼前情况后采取行动，不易被激怒，不易喜形

于色。如果不是刻意培养，一个人要到45岁后经历了风雨，懂得了人生的一些道理，才会表现沉着一些。这种情况不一定是左脑控制主要的行为，而是右脑失去了主要影响力。

一个人的左脑在12岁左右有一个高速发展阶段，就像此时学习的初等几何，强化逻辑因果次序之间的关系，牢记“求证”就是日后的人生目的、做事目的，而“已知”就是生活中的现象。通过现象，结合自己的目的，做出合理的决策，从而实现自己的目的。失去了12～15岁阶段的训练，20岁后通过写日记也可以训练左脑思维，不过不能写励志、宣泄、流水这三种类型的日记，而是要有方法，能够在100天后回顾时，可以重新培养左脑活动的习惯，形成一种意识。

测试题　THINKING GAME 2.0

|排序题|

1. 以下行为都来自日常生活，请评价哪种行为最能够体现左脑活动：
   A）这件衣服真好看　　B）这件衣服可以下周典礼穿
   C）这件衣服现在降价了　　D）这件衣服可以配我家里的一件衬衣
2. 目的的直接性、行动的有效性、过程的低能耗是左脑日常活动必须要随时进行评估的项目，既能够表现左脑的活动能力，同时也是训练左脑的一个良好的通路。为了训练自己，你开始写日记，坚持200天后，哪个左脑活动开始有了一些表现（最早出现的排列在前面）：
   A）目的的直接性　　B）行动的有效性
   C）过程的低能耗　　D）行动的执行力
3. 通过一个人的日常行为，可以看到这个人的左脑程度。以下四种生活现象，哪种表现出的左脑活动较少（较少的排在最前面）：
   A）我们华夏子孙就要热爱中国文化
   B）梦想要有，万一真的实现了呢
   C）成功就是要执着，不惜一切代价
   D）不靠家人，而是自己挣钱养活自己

/ DAY 8 / 右脑，直觉思维的运用

右脑的主要作用就是记忆，用来存储图形、画面、人脸、地点、场景、情节。比如，能够记住亲人的脸；能够快速本能地说出自己的名字而不用想自己叫这个名字的原因，如果想原因，就回到左脑思维了。右脑能够独立处理很多事情，尤其是熟悉的事情，比如上课铃声响起，不用思考，就能够直接走到自己的教室。

右脑对人的行为，反应驱动的速度快。比如愤怒，一旦发现眼前人骂你、威胁你，你就会本能地回骂，本能地捍卫自己的处境，抵挡任何伤害行为。人的右脑会自动记住很多对自己有用的系列性反应，用于节省时间。比如从学校回家的道路，尽管实际上有很多条途径，却被固化为一条途径，不用每次都思考一番，而是直接走习惯走的路径。许多习惯都是来自右脑的活动。

人与人交往中，以右脑活动为主的人是容易被识别出来的，尤其是左脑活动强的人，能够很容易看出右脑型人的说话、行为习惯，并能够比较好地进行预测。右脑活动为主的人甚至在不知情的情况下，就被预测出下一步的行为了。右脑思维不用培养，是人的生存本能。生存本能就是，一切以生理需求为第一位。在人类发展过程中，这个优先规则确实能够让人在生存困难阶段顽强地生存下来，但不一定生存得好。一旦过了这个阶段，左脑的长处就渐渐表现出来了。工业文明渐渐上升，超过了农业文明积累出来的所有财富的总和，这就是目的性、有效性、功耗性发挥了作用。

有一些成语是用来说明右脑活动为主的人的，比如贪得无厌、行尸走肉、大腹便便、不修边幅、怒发冲冠等。任由自己的身体需要来控制行为，就会容易感动、愤怒、自暴自弃、容易立志、也容易懈怠。遗憾的是，在全世界，这类人占多数，也是被统治、被管理的群体。对该群体的管理一旦失控，社会就会出现动荡。

测试题 THINKING GAME 2.0

|选择题|

1. 人人都有自尊心，而自尊心也是一个能够影响人行为的内在心理因素。你认为哪种人右脑活动更强：

   A）自尊心非常强　　B）自尊心中等

   C）自尊心偏弱　　D）没有自尊心

|排序题|

1. 现实中我们总能够看到身边的人在大脑活动支配下出现的行为。以下哪种行为右脑控制的结果最强：

   A）顾客叫服务员加水，服务员没有立刻响应，于是就发微博表示不满

   B）服务员看到发出的微博后，表示歉意，请求顾客删除

   C）顾客不仅不删除，还给服务员照相

   D）服务员离开，返回时手拿开水浇到顾客头上

2. 回顾你自己普通的一天，这一天中，哪种情况比较容易被右脑控制：

   A）上班路上乘坐公交车

   B）开始工作，发现电脑无法正常开机

   C）下班时得知公司下个月开始裁员

   D）到家后发现冰箱内什么食品都没有

/ DAY 9 / 全脑智慧，全脑销售

人在成长的过程中，左脑和右脑都是均衡发育的。有的父母过度强调知识的学习，就强化了右脑的发育。如果知识学习中不是强调记忆、背诵，而是思考、提问、挑战、辩论，就能够刺激左脑的发育。或者，至少是平衡发育。

一个人成年后，如果不对自己的左脑思考能力进行有意识地训练，还是会逐渐被右脑活动控制自己的行为。因此，特别在意自己的人就会特别训练自己，

让自己保持逻辑思考，总是尝试想明白眼前的情况，并找到来龙去脉，这样就会逐渐成为较少的那部分人。

人是具有社会属性的，也就是愿意与人交往，哪怕那些比较孤僻、内向的人，也能够在网络聊天窗口找到话题。人与人交往都是彼此交换信息、感受、机会等，如果你是善于使用左脑的人，就能够超越眼前的人，具备另外一个观察视角，不仅能够从容应对与他们的互动，还能够看穿他们各自的行为动机，或者他们下一步的行为将是什么。这样，你就能够结合自己的目的去规划自己的行为，并通过不同的方法与不同的人建立关系，进而通过不同的关系来推动自己达到目的。

销售顾问与潜在客户之间就是一个谁能够识别谁的关系。作为销售顾问必定知道，客户都想要便宜的东西，同时又都希望得到可靠的产品。价格便宜，客户能够立刻看到并被吸引，而产品质量要过上一段时间才能够被检验出来，那时，实际上保护他们的利益已经晚了。于是，引导客户提前重视产品质量，重视产品使用后的感受，也许能够逐渐影响他们降低对价格的敏感性，或者，至少下降一部分。

人与人交往是一个要求、同意、协作的过程。要么是你一直顺从别人；要么就是你一直提要求，别人顺从你；要么就是各自都有让步，如愿地协作。

测试题 THINKING GAME 2.0

|选择题|

1. 一个左脑活动为主的人与一个右脑活动为主的人频繁交往后，你认为会有如下哪个趋势：

   A）左脑人的左脑活动水平下降　B）右脑人的右脑活动水平下降

   C）左脑人的右脑活动水平提高　D）右脑人的左脑活动水平提高

2. 一个左脑活动为主的人与一个右脑活动为主的人频繁交往后，你认为会有如下哪个趋势：

A）左脑人渐渐理解了右脑人的规律

B）右脑人开始意识到应该总结规律

C）左脑人渐渐开始使用右脑人的方式

D）右脑人渐渐开始使用左脑人的方式

3. 以下哪种行为能够体现出左脑人的思考模式：

A）给受灾的人捐款能够表达自己的爱心

B）怀疑给受灾的人捐款是否能用到他们身上

C）要鼓励大家捐款，这个行为有号召力

D）捐款不问结果，表现自己的爱心

THINKING GAME

18

信息的摄入与输出

KEY WORD

·关·键·词·

信息摄入

等同于信息输入，指人们通过视觉、听觉等感官吸收外界的信息，比如天气变化，或者别人的情绪。摄入有选择性，也有前后次序，都能够影响人们对得到的信息的判断。

/ DAY 10 / 信息输入，接受来自外界的信息

世界上的任何事物都是信息的过滤体。比如岩石，在漫长的时间中，感受到温度、湿度、压力的变化，而出现颜色、硬度、密度等变化。草木也是一样，动物通过看周围的事物来决定哪种可以闻一闻、哪种可以舔一下、哪种可以吃掉，从而让自己的身体长大，毛发长出，耳朵长长，皮毛的颜色变得与草木颜色类似等。

人是通过耳、眼、口、鼻、皮肤、肢体来感受周围变化的，这些变化就是信息。然后处理这些信息，并做出调整以适应变化，这就是信息输出。世界万物都既是这样一个信息接收体，也是信息展示体。

把人类作为一种生物看待，他需要摄入食物，进行消化，然后营养物质进入再循环，无用部分排出体外。人体是一个摄入排出的平衡体，摄入量与排出量有一个合适的比例。把人类作为一个有智力的物种看待，他需要摄入周边事情的信息，比如是否有野兽、是否很冷、是否有火等，然后决定自己生存的方式。这就是智力上的输入与输出，也应该是一个平衡体。

一个人在20岁以前，输入量远远大于输出量。20~50岁之间，输入量占比会渐渐下降，输出量占比提高。50岁以后，输入量与输出量几乎稳定在一个比例上小范围波动。

人与人交流的过程就是依靠彼此输出的信息来影响对方。对方对你提供的信息进行加工，然后出现你期待的行为，这个结果就是输出水平较高的人操纵出来的。两人交流，表面上都是在依靠输出的信息提高影响力，而实际上输出信息来自输入信息，以及对输入信息的加工水平。

这就好比来自同一个养猪场的猪进入了两家猪肉加工厂，一家加工出来的猪肉鲜美、嫩滑；另一家加工出来的松垮、无味。输入信息相同，但输出的东西质量不同。

测试题 THINKING GAME 2.0

|选择题|

1. 对大脑来说，人的成长过程就是信息模块的制造加工和积累的过程。毫无疑问，我们都应该重视信息的摄入，而一个人的脑力活动的质量影响着信息输出的效果，信息输出才能够实际上改变人的生活水平，改善人际关系，并提高达到目的的比例。你认为，哪个才是最关键的环节：
   A）信息摄入的广泛性　　B）信息摄入后的加工过程
   C）信息输出时的前提条件　　D）信息输出后效果分析
2. 输入的信息也有各种不同的类别，比如远古时代人们更加在乎食物分布的信息，而现代人更加在意与货币相关的信息。对一个刚走出大学校门的人来说，真正能够提高自己职场中竞争力水平的信息应该是哪类：
   A）社交媒体上的信息　　B）政府文件中的信息
   C）书本中的信息　　D）与身边人交流中得到的信息
3. 关注输入信息是从本质上影响自己的判断、思考以及头脑活动的最主要的养料。以下哪类信息的实效能够较长久地影响自己的思考和思维：
   A）从学校里得到的信息

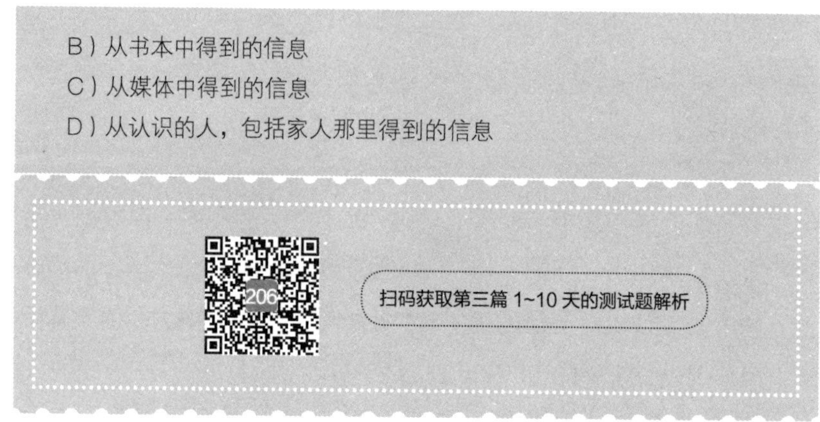

/ DAY 11 / 信息输出，调用对方的信息接受系统

信息摄入必须关注信息来源和信息类别。这就好比孕妇，必须注意自己平时摄入的食物、看到和听到的内容，以及平时的活动，这些都将严重影响胎儿的身体健康、大脑发育，以及肢体的健全。而输出内容就是刚出生的孩子。

幸好，人类将语言、文字等作为输出的形式。输出这些内容，并不是每次都像生孩子，如果生出来后才发现五指不全，那就已经来不及了。人类平时大脑活动输出的信息都是可以随时调整、加强、扩大、深入的。

你可以通过说话来输出信息，这种输出方式比较在乎眼前的效果。写作这类输出方式在乎持久的效果，日记、周记、随笔、笔记等都是为长久发展而打下的基石。跳舞、唱歌、表演，都是为眼前目的而展开的信息输出。还可以仅仅通过面部表情表达意思，输出信息。

在与人交往的过程中，如果你用语言作为输出信息的方式，对方就是用耳朵作为信息输入的工具；如果提供书面文字，对方则是用眼睛作为信息输入的工具。如果你是一个理性的人，同时具备清晰的主动意识，并且以左脑活动为主，那么，你肯定会思考：为了达到加深对方印象的目的，应该调动对方的听觉还是视觉，又或是两者同时调用效果更好呢？

“你就答应我吧，就这一次，何况你星期天不是没有安排吗？要不，我给你 200 元，就当陪我去的报酬好吗？”“你这么坚决，要不，我给你 500 元，你陪我今天去相亲。”

以上都是在仅仅调用对方的听觉系统。其实，在说出“500 元”的时候，如果再配合一个动作：掏出钱包，数出 500 元，并塞到对方手里。只要你的手离开了钱，钱完全转移到对方手里了，就等于对方答应了。这就是调用了对方的视觉系统和触觉系统。三个信息摄入系统同时调用，为达到自己的目的服务，这才是与人交往的高明之处。

测试题 THINKING GAME 2.0

|排序题|

1. 一个信息可以用不同的形式呈现出来，不同的形式就是调用不同的接收器官收取信息。通过以下哪个接收途径得到的信息印象最深（最深的排在前面）：
   A）视觉　B）听觉　C）触觉
   D）嗅觉　E）味觉
2. 人们对眼前出现的信息最直接的本能反应就是信还是不信，如果这个事情牵扯到自己的实际利益，就会对信息的真实性更加较真。以下哪个信息更容易让人觉得不可信：
   A）听人说的，他说他当时就在现场
   B）看到朋友圈的图片和文字
   C）看到报纸上的图片和文字
   D）看到三份不同报纸上的图片和文字

|选择题|

1. 强化自己信息输出的长久意义是:

A)能够影响别人　　B)能够提升自己

C)能够改变世界　　D)能够帮助家人

/ DAY 12 / 输入与输出，研究别人的输入，强化自己的加工

人们每天都在输入信息，有来自政府媒体的，也有来自社交媒体的，有来自图书的，也有来自家人或在社区经常碰到的人的。人们每天也在输出信息，比如微信朋友圈分享、与人交谈、发出的邮件、写的报告、读书笔记等。

实际上，根据人每天输入输出信息的量，可以将人分为四类:

- 输入少，输出也少;
- 输入少，输出多;
- 输入多，输出少;
- 输入多，输出多。

试着自我归类一下，你属于哪类?

输入和输出之间的过程就是加工过程。食量小、身体瘦弱的人，食物在体内加工所需要的一系列酶、菌、生物酸碱液体也就少，甚至很多都没有。食量大、身体胖的人，食物在体内加工后立刻储藏起来了。食量大、身材匀称的人，就是输入多的同时也确保能够输出，即经常锻炼。

输入少的人没有东西可加工，而输入多的人有三种工作要做：

1. 思索：把输入的信息分类、排序。
2. 思考：将分类、排序后的信息整理出规律。
3. 思维：将一些运用范围较广的规律形成模型。

如果输入内容快、输出也快，脑海中就留不下东西。将一段时间内输入的内容，比如超过三个月，按照串联、并联等各种方式，以不同次序进行组合，再输出来的内容会是什么样子的？

人与人交往的过程，其实就是彼此间进行轮流式的输入输出的过程。对方在表达时就是在输出，对你来说则是输入；你在表达时就是在输出，对方则是在输入。若你对自己的信息加工模式经过严肃、认真地训练，就能够在输入对方的输出内容时，快速判断：对方输出的内容是否经过了加工？加工得是否专业？对方的输出结果是否是该领域的最高水平？

学习信息加工，第一步，自己进行过加工；第二步，密切关注别人输出的内容；第三步，如果是自己输出这些内容，会怎么做。

测试题 THINKING GAME 2.0

|排序题|

1. 当你输出信息时，就是对方输入信息的时候，对方输入后有加工的习惯吗？有加工的方法吗？或者有加工的意识吗？学习本书到现在，你采取了什么加工模式吗？阅读一段文字是输入过程，以下四种形式都是考验输出过程的，通过输出过程可以看到你加工的过程，哪种形式需要更加复杂的加工过程：

A）问答题　　B）排序题
C）选择题　　D）不做题，继续阅读

2. 经常可以得到类似如下这些信息输出，其中哪条信息能够说明这个人在输出前进行了深度加工（最深的排在前面）:

A）这个电影真不错，你要去看，现场好多人都流泪了，记得带上纸巾。

B）这本书要从三个方面来读，第一情节，第二思想，第三实用。

C）根据你的阅读水平，应该考虑阅读这三类图书:实用性的、知识性的、思想性的。

D）先测试一下你现在的阅读能力，然后列出读书目的，规划出时间，我再给你推荐书目。

3. 如果信息加工水平提高，你认为会出现以下哪个现象（最先出现的排在前面）:

A）周围人愿意多听你的输出

B）你愿意付出更多时间，提高自己的输入水平

C）开始琢磨输出过程的方式

D）发现周围有想法的人越来越少

THINKING GAME

19

内涵与外延

KEY WORD

·关·键·词·

内涵

特指一个概念所包括的内在元素。比如品牌的内涵是文化，文化的内涵是习俗等。

外延

特指一个概念的向外延伸，扩张出其他的表层意思。比如品牌的外延就是标识，标识的外延就是颜色、图形等。

/ DAY 13 / 内涵，深入挖掘内在的含义

内涵是一个事物内在的表现，通常是看不到的。表面上看到的鸡蛋，实际上它内部还有蛋白、蛋黄；再进一步，有蛋白质、卵磷脂，以及其他一些营养物质。通过物体来理解内涵比较容易，内涵就是看不到的物质，即使通过肉眼看到了，也不一定就是真正的内涵，还有更加细小、微观的物质。不断深入挖掘内在的物质，是人类思考不断进化的一个过程，也是能够让人发现更多实际情况的方式。内涵就是事物现状内在的成分、物质结构，越细越内在。

通过具体的物体来理解内涵相对来说容易一点，不妨考虑一下这个例子，也许能够锻炼一下自己对内涵的理解。

一个三年级学生的作业本上有这样一个算式：12 + 39 = 51

这样一行数字、符号有内涵吗？懂得数字的含义、“＋”的规则、十位满了要进位。不是正确地做对了一道题，而是这些内涵表现出来的正确答案。通过这个表现，我们了解学生头脑中加工了运算符号、数字，并输出了正确的结果。

内涵也是一个事物现状的来历。比如，鸡蛋中的蛋清、蛋黄都是有来历的，其中包含的物质并不是无缘无故的。鸡蛋里的物质来自鸡对摄入食物进行的加工，加工后留下了一些营养供自己生长，没用部分排出，其余部分用于物种的延续，这部分就形成了鸡蛋。鸡蛋内的物质来自食物，要改变蛋内的物质，改变饲料就可以了。理解了内涵的历史层面含义，就找到了思考事情的方向。

那么，重新用对内涵的理解来看待这个等式：12 + 39 = 51，你又会如何理解呢？之前学生学习过运算，认识数字，能够运用十进制，这些都是之前发生的事情，这些事情促成了这样一行正确的等式。

一个物体有内涵，一个事情也有内涵，那么一句话有内涵吗？比如，“你今天吃了吗？”这句话背后隐含的意思实际是：表达关心。成长过程中从别人那里学来的，别人曾这样问候过自己，也就学会这样问候别人了。

测试题　THINKING GAME 2.0

|排序题|

1. 销售过程是人与人交往过程中的一类比较特殊的情况，客户需要产品来满足自己的需求，销售顾问需要收到货款来完成自己的任务。这时，客户说：“你必须再降 10%，我才会考虑。”运用你学过的内涵，尝试判断一下，以下哪个内涵更加深入：
   A）没有看到产品真正的价值
   B）缺乏识别产品价值的能力
   C）没有足够的预算
   D）形成了习惯，没有打折心里难受
2. “我发现父母才是家里最难沟通的人。”尝试理解一下这句话最深的内涵是：
   A）长期形成的关系性质影响了沟通的平等前提。
   B）父母对孩子的看法定格在孩子初中阶段了。
   C）自己对父母的看法定格在自己的初中阶段了。
   D）两代人之间总是有代沟的，家家都有。

3. 探究内涵，就是对一个事情本质的追求。追本溯源，搞清楚本意是什么，源头在哪里，这是内涵的两个方面，也即现状的内在结构和历史过程。“中国人民站起来了。”这句话最深的内涵是：

A）以前没有站起来过。

B）站起来过，但是很久没有站起来了。

C）一直想站，没有如愿，现在实现了。

D）实现了较长时间追求的一个愿望，就当作站起来的证据。

/ DAY 14 / 外延，扩展你的思维视野

外延首先是事物的外在形式的延续。比如鸟蛋是椭圆形状的，这就解释了鸟要不断叼着树枝、树杈营造一个形状不规则的窝，于是椭圆形的蛋落在不规则的窝里就能固定，孵化过程也容易稳定。鸟蛋的外延不是我们看到的形状，而是这个形状造成的一系列影响。将现状展开来，其他情况会如何，比如发现禽类的蛋都是椭圆的，虫子的卵也是，地球也是椭圆的，这才是对外延的思考。再进一步，外延能够带领你思考到椭圆形的真正特点，扩展了你的思维空间。外延就是事物之间的同类对比。

外延的第二个方面就是时间。随着时间的推移，椭圆形的蛋受热比方形的要均匀，孵化过程也均衡，也就是椭圆形状是孵化出的最佳形状。椭圆形状对未来产生了影响，这是事物外延的另外一个表现形式。事物的现状随着时间的流逝会出现什么变化，以及变化的趋势、内在规律，这都是外延的思考方向。外延就是事物发展的未来。

那么，“12 + 39 = 51”这个等式的外延是什么？

第一，该学生现在具备的运算能力表明，两位数相加涉及进位的同类题目做对了，也理解了。第二，没有必要进一步在两位数加法上耗费更多时间了。

如果该小学生做了 10 道这样的题目，错了一道，这个现象的外延是什么（顺便练习一下，这个事情的内涵）？错误率约 10%，80% 的学生都有这个错误率，这个现象的外延是，该学生将来在其他题目上大概也会有这个错误率。错误率可能会影响孩子的严谨思考，也可能会培养出其宽容的性格。

人与人交流过程中说出的话，不仅有内涵也有外延，尤其是广告语这类浓缩语句都有外延含义。比如耐克用了很长时间的广告语“Just do it ”。这句话实际上是美国家庭中父母常对孩子下指令的话，也是学校老师对学生、教练训练运动员时用得最多的话。

测试题 THINKING GAME 2.0

|选择题|

1. 企业为产品设计一条广告语，为了让它广泛传播、影响持久，应该更加重视：
   A）广告语的内涵　　B）广告语的外延
   C）广告语的内涵和外延　　D）传播才是重要的
2. 事物有内涵和外延，人也有内涵和外延。人的内涵都是通过积累知识、经历得来的，内涵是外延的核心基础。如果我们说一个人喜形于色，实际上就是说这个人没有什么内涵。那么，一个人真正的内涵来自：
   A）知识积累　　B）丰富的经历
   C）思考的习惯　　D）认识的人多

|排序题|

1. “我发现父母才是家里最难沟通的人。”尝试理解一下这句话最可能的外延是：
   A）与父母的关系将越来越难。
   B）与父母的关系将越来越容易。
   C）父母间的交流时间将越来越少。
   D）与父母的交流时间将越来越少。

/ DAY 15 / 内涵与外延，过去与未来的交汇

任何事物都是三个状态：过去、现在、未来。一个事物的过去就是这个事物的内涵，未来就是这个事物的外延。事物的现状都是所有人能够看到的，不同人看待事物有不同的眼光，这些不同也体现在看待内涵与外延的能力上。

对事物如此，对人如此，对人说的话也是如此。对外延的判断，可以成为行为的依据。一个熟透了的苹果的外延就是会充分散发芳香，向腐烂的方向发展。这时，你将这个苹果放入那些青涩的苹果中，一天后，青涩的苹果就会呈现出成熟的色泽。你将熟苹果放入青苹果中的这个行为，就是理解了事物未来的发展方向而做的决定。同样，如果你知道一句话说出去，听到的人会出现情绪变化，也就是你把握住了这个人的外延。我们都认同，一个人的外延是由其内涵决定的，但人与人是不一样的。

当大家都认同不同事物之间存在不同的时候，探索内涵与外延的思路就是找出不同前提下的相同部分。比如，我们都认同人与鼠是不同的，科学研究的方向却是基于人的大脑结构与鼠的大脑结构存在 98％的高度类同。

当大家都认同不同事物之间存在相同的时候，探索内涵与外延的方向就是相同前提下的不同。比如人与人的血液都是相同的红色，为何形成不同颜色的皮肤。这就需要从内涵与外延的视角尝试解答这个问题。

人与人是不同的，当他们都询问这件产品的价格时，你能够发现每个人问价格的内涵与外延其实是不同的吗？有的人问价格是用来与自己的支付能力进行对比，问完就离开了；而有的人问价格是用来判断这件产品的实际价值，与脑海中这个价位的产品进行比较。这些都是内涵决定的。

学习内涵与外延是用在与人交往过程中，根据对方输出的信息来判断对方的内涵，并根据内涵的构成判断对方的外延，然后引导、影响、左右这个外延，向自己期待的方向发展。

测试题 THINKING GAME 2.0

|排序题|

1. 客户在问过价格后会有不同的行为，这就是外延。当看到对方的一个后续行为，你能够判断其接下来的多个步骤的行为吗？这就是对外延的掌握能力。假如客户问了价格后，接着问了一个具体的颜色，以及这件产品是否有现货。你能够预测该客户下一步行为吗？如果你告知其库存很多，该客户就可能会回去与别人商量一下，或者预备与你砍价……如果你说没货了，这个人就会问到货时间；如果你说需要查看一下，然后五分钟后从库房回来，告知对方："就剩两个了，今天上午看还有 15 个呢。"这时，你预计对方最可能会：

   A）问你，怎么卖这么快　　B）决定购买，掏钱下单

   C）询问还能有折扣吗　　D）离开，说回去再想想

2. 你与一个朋友关系不错，认识超过 5 年了。你跟他分享了自己跳槽到新公司的事情后，这个朋友问你："谁介绍你进去的？这家公司挺难进的啊。"你认为这句话最可能的内涵是什么？

   A）你的能力很强　　B）你的能力不怎么样

   C）自己能不能借机会也进去　　D）自愧不如，羡慕敬佩

3. 有时，你可能会听到以前不错的朋友提到："我不如你，看你分享的读书心得，觉得你挺牛的，我们也就无聊瞎混吧，所以吃饭聚会都不好意思约你了。"这句话最可能的外延是什么：

   A）自认没有成长空间　　B）内心认同学习、读书是高尚的

   C）试探你读书进步的坚定性　　D）预防被瞧不起的心理让步

THINKING GAME

20

清晰与模糊

KEY WORD

·关·键·词·

清晰

最初用于描述图片的质量。也常用于人们思考的质量，能够清楚地表达自己的想法，而不是含糊其辞。

模糊

思路不清楚，表达的意思含糊不清、模棱两可。

/ DAY 16 / 清晰，思路清楚才能表达准确

清晰，更多的情况是指图片是否能看得清楚，像素是不是能够支持放大。我们这里所说的清晰是指说话方面。

问：我很快就能够决定这个事情，你考虑得怎么样，要不要一起参与？

答：上次你说过以后，我是想参加，现在就是要商量一下，如果他们不同意怎么办？

看一下问句："很快"——是多快？"参与"——以什么形式参与？

再看一下回答："商量"——跟谁商量？"怎么办"——什么怎么办？

问：我下周一决定，你考虑参与行动，还是口头支援？

答：我肯定能口头支援，家人可能不同意参与行动。

这次双方表达的意思都清楚了很多。

说话过程中，注意特定的时间、地点、人物、具体事件，这样就能够让你的意思清晰起来。如果你听到别人说的话，其中有含糊的地方，不要急于答复，而是要确定其中含糊的内容得到澄清后再回答。有时，在澄清的过程中，对方自己就渐渐明白了。

语言表达不清楚的人，背后思路肯定也不是清楚的。通过严格训练语言的清晰表达，能够刺激大脑思路渐渐明朗起来。如果你自己思路清楚，就能够比较快速地明白一个思路不清楚的人的意思，以及这个人自己纠结的地方。思路不清楚的人，表现出来就是优柔寡断、犹豫不决、瞻前顾后。自己把握不准眼前处境的关键问题，也就不能做出判断，当然就没有相应的行动了。

清晰的做法集中在三个具体事项上：

1. 对趋利避害原理有透彻的理解；
2. 对讨论的事物类别清楚；
3. 对不同的人的反应有过分析。

这里第一个就是坚信趋利避害原理决定所有人的行为，第二个就是确定自己对讨论的事物有比较透彻的认识，第三个就是对人的反应有充分了解。其中第一个和第三个基本上可控，第二个需要看事物的类别。

测试题 THINKING GAME 2.0

|选择题|

1. 透彻理解意味着理解各种表现形式的趋利避害。以下哪个行为属于避害：
   A）趁大米降价，多买一些存着。
   B）让孩子参加很多课外辅导班。
   C）学校规定课间不能到操场上去。
   D）话费打折，那就签约一年的。

2. 请评估，以下哪句话说明这个人对幸福的认识比较清晰：

A）幸福就是珍惜已经拥有的一切。

B）幸福就是追求到曾经没有的。

C）幸福就是天天睡到自然醒。

D）幸福就是看着孩子长大。

|排序题|

1. “我昨天做了一个梦，好像是挤公交，最后我上去了，却站在门口，车门一直都没有关上，车上人说的话好像都听不懂。这是什么意思呢？”以下哪种解释说明对此人说的这番话认识得最清楚：

A）表示了说话人梦的含义

B）表示了说话人内心的担忧

C）表示了说话人眼前的处境

D）表示了说话人对未来的憧憬

/ DAY 17 / 模糊，莫用猜测对待好奇

模糊有三个具体的表现。

1. 含糊的词汇多，代词多

比如，“幸福是爱你所有”，这就是对幸福模糊的认识。其中“所有”是一个代词，代替现在拥有的物品、感情、资历、经历等。那么，是不是现在拥有的一些坏习惯也是幸福的因素，是不是现在的胃溃疡也属于“所有”的内容？对幸福的认识含糊，能够让人感到一时幸福，片刻后，就会觉得自己是最不幸的人。

2. 事务的方向过细，或者逆向

问：今天的数学作业有多少道题?

答 1：好多呢，都做不完。

答 2：都做完了。

答 3：整整一章的题。

答 4：我刚到家，没有打游戏。

答 5：我写完作文就做数学。

接着：好吧，抓紧做，晚饭前必须完成。

以上对话很普通，类似下面的问答。

问：这个电池多少钱?

答：这是我们最新到的货。

比较可笑的是，第 1 ~ 5 条回答没有一个是在回答原问题，而问问题的人接着说："好吧，抓紧做。"也就是说，问问题的人自己已经偏离原来的思路了，这就是事物的方向混乱。还有的时候，后面的回复会变成："上次数学老师就说你总是粗心。"本来是问今天的题目，又变成以前的事儿了，这就是逆向。

大家可以比较一下公司的各种纪律手册、规章制度，就会发现模糊要求比比皆是。还有小学生的学生手册也一样，都是模糊要求。模糊让大家都陷入了揣摩的状态。比如，"要听话啊"——需要揣摩一下，听哪句话？"要严格要求自己啊"——需要揣摩严格是什么意思，要求自己什么?

3. 对事物的好奇心强烈，并被驱动

就是强烈的好奇心驱动你去做事、思考，或者提问。比如好奇心常推动人

问:“然后呢?”这就是超级模糊的提问。我对付儿子这样的提问，回答就是:“什么然后呢?是那个人是不是回家了，还是楼最后有没有倒，还是大水退没退?”这时，儿子就能够说:“不是，是汤姆的妈妈回来了吗?”**要让对方的思路向精细、聚焦、方向明确的状态发展;而不是以模糊对付模糊，靠猜测来答复好奇。**

测试题 THINKING GAME 2.0

|选择题|

1. 实际上，只要留心，我们身边到处都是模棱两可、含糊不清的做事氛围，只不过大家可能觉得较真太累，就一起浑浑噩噩、马马虎虎，将就着把事情做完。长期这样下去，你认为自己将会:
   A）渐渐不再觉得模糊有什么问题了
   B）渐渐与周围的人都类似了
   C）需要协作的事情耗费在交流中的时间越来越长
   D）这样就能够取得人际交往的成功了
2. 在模棱两可、含糊不清的氛围中，一旦协作的事情没有按照之前所有人预计的结果发展，追究责任时，谁的位置比较有利:
   A）普通协作者　　B）职位较高的人
   C）技术专才　　D）具体操作的人
3. 在模棱两可、含糊不清的氛围中，一旦协作的事情取得了成功，论功行赏时，谁的位置比较不利:
   A）普通协作者　　B）职位较高的人
   C）技术专才　　D）具体操作的人

/ DAY 18 / 在清晰与模糊间摇摆

清晰当然很好，模糊也有模糊的用途。管理者下了模糊的指令后，自己就是安全的——下属成功，自己英明；下属失败，是他们理解不对。这种时候，模糊就是自己的“保护伞”。还有的时候，面对自己不想答应的事情会说：“我考虑一下，以后再说。”这就是故意模糊，保全自己的面子。没有学习过当面拒绝的方式，索性就拖延，采用含糊的方式遮掩过去。对方如果理解这是拒绝的外衣，心知肚明，也就达到了既不伤面子彼此又都明白的结果。如果对方不理解、不熟悉这种文化习性，就真的会过两天来问你考虑得怎么样，并且会不断地追问下去，直到听到明确的拒绝答复。在西方文化环境中长大的人，通常就是不断地追问东方文化环境中长大的人，问来问去，以后索性不打交道了。

越清晰，效率就越高，要做到这点，指令中要包括时间、地点、人物、详细动作。清晰的说法是：“明天下午五点，提交过去一周的工作小结，至少500字，邮件发到abc@abc.com，发送后，电话告知我的助理张三。”而模糊的说法：“这两天把上周报告交了。”

除了具备清晰的思路，也要有清晰的表达能力，让别人能够听得明白。如果表达的意思不清晰，让别人感觉模糊，这就是故意设计的——是要给自己留下空间，或者给对方留个面子。

这个世界按照清晰维度来区分，有三类人：清晰的、模糊的、摇摆的。摇摆的人在有些事情上清晰，在有些事情上则模糊，这就涉及对原理的理解，对具体事物的认识，对人的了解。**一个人如果模糊，能够通过三个现象观察出来：用词，思路，以及好奇心驱动的求知。**

从事销售工作要与客户进行大量的交流，这就涉及清晰与模糊的辨别。

客户：这件空气净化器多少钱？

销售人员：这个现在标价是3 800元。

客户：有空气过滤功能的价格是多少？

销售人员：这款已经是带有空气过滤功能了。

客户：有加湿功能吗？

销售人员：都有。

客户：开启关闭定时功能也都有了，对吧。

销售人员：哦，这个还没有。

以上对话就是销售人员没有进行清晰化鉴别，立刻回答客户的问题导致的。这样对话的结果会显得客户很无趣，搞得客户什么都不知道似的，客户就会表现出没有购买兴趣而离开。而训练过清晰化思维的销售人员的处理方式是这样的：

客户：这件空气净化器多少钱？

销售人员：你问的是这款最新型号的空气清新器吗？

客户：对，就是这款。

销售人员：这款 3 800 元，比之前那款多了过滤功能、加湿功能、节电模式和空气质量报警功能。是最全的了。

客户：自动关机以及设定时间开机的功能有吗？

销售人员：空气质量变化多样，与空调不同，可以预先设定。空气清新是人能够感受到的时候，所以没有设定自动控制功能。

回答客户的提问时，第一步，要确认客户问的具体内容，并重复一遍问题的描述。第二步，报价后立刻讲明白产品的主要功能、突出价值，降低客户对价格的感受。同时，讲解没有的功能时，要讲明白没有的原因，让客户理解功能的意义。

思路清晰才是销售沟通中重要的衡量标准。首先要训练自己具备清晰的意识，从而调整客户的模糊，并杜绝自己的模糊。

测试题 THINKING GAME 2.0

|排序题|

1. 若有人请教你："我应该从哪本书开始阅读来提高自己的职场竞争力呢？"下面哪个答复背后有更加清晰的思路：

A）你应该首先阅读《影响力》。

B）你曾经读过什么书来提高职场竞争力？

C）你的阅读能力如何？

D）你现在在职场中处于什么职位？

|选择题|

1. 一个思路清晰的人与一个思路模糊的人讨论一件事情，长时间找不到要点，不能达成谈话目的。这时：

A）思路清晰的人更容易着急　　B）思路模糊的人更容易着急

C）职位高的人更容易着急　　D）职位低的人更容易着急

2. 演讲：实际上，中国经济发展主要看三个方向的比重调整是否能够顺利完成，那就是外贸、投资以及内需。提高内需的总经济占比，将是经济转型成功的决定性要素。

提问：我们做轮胎橡胶供应的，前景会好起来吗？

以上提问就属于彻底的模糊，完全没有听懂演讲者的意思。那么，这种模糊属于：

A）代词过多，指向不清　　B）纠结分支，失去核心

C）好奇心强，冲动求知　　D）关心自己，本位思路

THINKING GAME

21

线性与非线性

KEY WORD

·关·键·词·

线性

有序的过程，就是线性的。

非线性

相对于线性而言，非线性难以预测，规律不明显。

模块

就是若干信息为一个组，组与组之间有明确的关系。这种情况就是模块化，比如集成电路板就是一个模块。几个模块在一起发挥作用，就是模块结构。

/ DAY 19 / 线性，事物按流程、步骤发展

习惯来自线性发展过程，通过观察一个人的习惯，很有可能会推测出此人所受的教育、家庭环境、情绪、有意识行为、下意识行为等。一切目前的表现都有来源，并非无缘无故。

线性就是事物是按照流程、步骤发展的，而且每次发展都是同样的步骤。比如飞蛾交配后产卵，卵遇到高温孵化出幼虫，幼虫生长，经过几次蜕皮，吐丝作茧，化蛹，蛹成熟后破茧而出，羽化成蛾。然后不断循环。每个环节间，要么是时间控制，比如破茧；要么是温度控制，比如卵孵化；要么是食物控制，比如蜕皮。这些都是线性过程，不会交叉随机出现。

时间是测量线性的唯一指标。用时间衡量每个状态，从而能够让人从中找到一个确定的规律。万事万物都是线性的。数学是线性最核心基础的工具，海王星不是观测到的，而是通过公式计算出来的，根据计算的轨道去观测，果然被发现。

线性要求有细化意识，越细致，揭示出来的规律威力就越大。将任何事物

的发展分成时间段，时间单位越细，发现规律就会越难，不过一旦发现，影响就越大。人类几乎已经掌握了癌细胞的发生、生长原理，彻底攻克指日可待了。另外，时间跨度越大，环节就越难抓，比如气候变暖，是以千年为单位循环的，现有的纪录不够用来绘制线性的痕迹。

线性特指将影响事物变化的因素综合起来，找到这些因素彼此之间作用的规律，形成方程式，将此方程式在平面直角坐标系中标示出来，就是一条线，可能是直线，多数情况下都是曲线。只要知道方程式，就能够通过其中几个已知数值来预测其他数值。

线性思维普遍运用在自然科学中，近百年来才运用在社会科学中，比如心理学、政治学、经济学都通过线性方式渐渐清晰起来。在人际交往中，人们还不善于运用线性意识去推测对方的行为、语言，以及可能出现的结果。

测试题　THINKING GAME 2.0

|选择题|

1. 作为销售顾问，有时与潜在客户交流，以下四种说法，哪个是线性思路：
   A）客户问话后，我回答了，再下来客户问什么，都不一样的。
   B）客户问话后，我答 A，客户多数情况问 C。
   C）反正不论客户问什么，我按照标准话术回答就是了。
   D）与客户交流，客户是主导，要有服务意识才对。

|排序题|

1. “今天真不顺，到家就拉肚子了。”“哦，你这个情况属于……”以下四种回答，哪个线性思路最强（最强的排在前面）：
   A）气候变化，好多人都拉肚子了。
   B）肯定是受凉了，多穿一点。
   C）两个小时前吃喝什么了。
   D）算一下你的八字，今天命里不合啊。

2.“我儿子五岁了，特别爱哭。看到不认识的字就哭，数数数不到 10 也哭，有什么办法呢？”

以下哪个回答能够体现最深入的线性意识：

A）平常都是谁陪孩子学习？

B）孩子平常与谁相处时间最长？

C）两岁左右孩子哭的时候，旁边大人作何反应？

D）以后会好的，等长大后就不哭了。

/ DAY 20 / 非线性，需要更多的时间提炼规律

非线性具备不可预测性，无法通过确定元素之间的关系来预测时间段下一个步骤会出现的情况，以及形态。

比如，孩子这次数学考试到底能够得多少分？月底自己的业绩能否完成？三年后，自己的工作情况能够改变多少？女友何时能够同意嫁给我？如意的男友何时能够出现在身边？历时半年多的咳嗽何时能够好？这些都是不容易预测的。

“不容易预测”是什么意思？是不能预测，还是能够预测，但预测的准确性可能不高？然后，“可能性不高”是什么意思？多少是高，多少是低？

你家门口有一个公交车站，每 6 分钟会有一趟车进城。你随机出门等车，需要等 5 分钟以上的可能性是多少？这是线性的吗？

不是线性的。因为你出门的时间不是固定的，将每次出门的时间在坐标上标记成一个点，一段时间后，这些点的分布不能形成线，而是一片。

你无法忍受等车时间超过5分钟，而你又不愿意查看公交车时刻表，于是开始想，等车少于5分钟的可能性是多少？

这就是数学领域对付非线性的一个基本套路，专业名词叫“概率”，通俗词汇就是“可能性”。等车超过5分钟的可能性只有1/6，这仍然不是一个确定的数字，可是已经把不确定的范围缩小许多了。

作为一个理性的人，应该坚信一切事物都可以成为线性的，即使起伏不定的股票也是一条随时间变化的线性曲线。坚信一切事物最终会成为线性的，你才有足够的底气去努力挖掘事物背后的规律和影响曲线走向、起伏的所有因素，包括已经发现的、未被发现的、自然控制的、人为操纵的因素。

随着人类智慧沿着理性思维模式发展，越来越多以前认为无法预测、不能控制的事情变得能够控制了。还有一些眼前人类无能为力的变化也能够理解了——不是不能，而是还没有足够的时间来提炼出规律。

测试题 THINKING GAME 2.0

|选择题|

1. 比如客户下订单是非线性的，也许明天就定，也许永远不定。但作为销售顾问，如果你坚信客户下订单肯定是线性的，必然有因素影响他下单的决定，那么你会：

   A）请示经理给特殊价格折扣。

   B）开始收集客户信息，形成规律，下次用。

   C）不断给客户打电话，提供更加周到的服务。

   D）尝试联系客户的朋友，让他们帮助客户做决定。

2. 当年爱迪生为找到通电时间更长的灯丝，罗列出那个时代所有导电的材料，从比重小的开始尝试通电，渐渐采用比重大的。尝试了400种以上的材料，最后锁定5种通电时间最长的材料。爱迪生解决这个问题的思路是：

   A）线性思路为主

B）非线性思路为主

C）线性思路和非线性思路混合

D）属于人文情怀的思路

3. 我们从“1 + 1 = 2”开始推导，演变为“18 个 1 加 34 个 1，不过就是 52 个 1”，这是典型的线性思维过程。而一个人做一道几何题，添加了一条辅助线，误打误撞解决了这道题。这条辅助线就是非线性思维的结果。对于这个非线性思维的表现，你认为以下哪种解释坚定地相信一切都会最终归为线性的理念：

A）人的聪明才智灵光乍现的情况。

B）长期基础训练奠定了这种猛醒的情况。

C）其实是这个人自己找不到自己想出来的路径，并不是没有。

D）多做几道几何题，这种机智灵活出现的就多了。

扫码获取第三篇 11~20 天的测试题解析

/ DAY 21 / 模块结构，解决非线性问题的方法

线性是最初级的思考模式，认为事物是按照时间次序一件一件发生的。非线性是跳跃式的，可以跨越时间，也可以跨越空间，甚至是不可预期的。两者之间的差距非常大，人们从线性过渡到对非线性的理解，需要一个模块结构。模块就是将线性的事件整合起来形成一个关系。

模块结构是人们应对复杂事物的一种思维方法，融合了线性与非线性两者的优势，确保达到预期效果，也确保事物发展具备变化，有创新的可能。

飞机飞行表现出非线性的路径，而热感导弹能够追踪上飞机，是把握了飞机发热的特性。发动机通过燃烧油产生动力，只要燃烧，就有热量。人类制造出能够感应到热的感应器，让感应器引导导弹，从而追踪上飞机，这就是模块结构。

非线性被强制锁定在线性下的转换，比如你认为生病是非线性的吗？绝对不是，一切现象都有原因，不过是原因多少而已，以及我们是否能够找到、找全那些原因。癌症只有三个可能的原因：遗传、生活方式、生活环境。其中每个原因也都有可以延续的分支，从而形成一个看上去复杂的像地图上的行车路线一样的区域。人类思维将这样的情况当作模块。

热感巡航导弹就是依靠热感应模块对飞机发动机尾部的热源进行识别，并跟踪。热感并不是在一公里外能感受到热，而是知道所有发热源都有特殊的光谱。一个能够在空间中扫描光谱的设备不断进行扫描，捕捉到热源，然后给导弹的动力方向控制器下指令，循着飞机的方向飞去。

销售顾问让客户下单也是一样的原理。虽不能让 100% 的客户下单，但通过宣传、图片、讲座、视频，能够让超过 30% 的客户下单。那么，宣传的内容、图片、讲座、视频就是构成营销传播的模块。

人类还没有具体办法控制大气变暖这个趋势，但已经想出采用模块孤立的形式阻断流向两极的暖流，人为制造风暴，缓解温度偏高的气流向两极覆盖的速度。模块，是人类用来解决现在看来还是非线性事物的一种方法。

人与人交流，不能控制对方说的每一句话，却能够控制谈话的话题，通过话题影响关系的发展，话题就是模块。模块是可以设计、规划出来的。话术是单纯线性的，忽视了不同人的不同感觉；而话题是模块化的，对不同的客户有适当范围的适应限度。比如对方出国旅游去过德国，你跟他聊关于德国旅游的话题，对方滔滔不绝地讲，这会拉近你们的关系。

测试题 THINKING GAME 2.0

|选择题|

1. 目前一些癌症的发病原因并不能确定性地找到根源，但是从遗传、生活方式、生活环境这三个模块入手，能够渐渐提高可控的可能性。这样来看，模块实际上是：

   A）一种非线性的思维方式　　B）一种接近线性的思维方式

   C）一种全新的思维方式　　D）一种从目的出发的思维方式

2. 虽然你不能确定孩子的数学考多少分，但可以将考试题分为四则运算部分、小数分数转换部分、应用题部分来看待，找到孩子分别在这三个部分的水平，从而能够预测孩子考试成绩的分数范围。这个思考方式就是模块化，启动模块化思维，最直接的做法就是：

   A）分类　　B）排序　　C）规律　　D）归纳

3. 线性思维模式从希腊人的理性意识、推理模式发展到今天，约 2 000 年，几乎将容易涉及的领域都覆盖了。也就是说，你运用简单的线性思维模式尝试解决的问题，都已经被过去 2 000 年来的科学家解决的差不多了。不过，人类仍然面临大量无法控制、不能预测、没有规律的问题，而解决这些问题，最现实的方式就是：

   A）把线性工具用熟到极致

   B）把非线性现象强制到线性思路上

   C）组建模块，把模块线性化，模拟解决

   D）强化自己的基础知识，期待灵光乍现的时刻

THINKING GAME

22

经验与理论

KEY WORD

·关·键·词·

经验

人们根据过去得到结论，并运用到新的事情上，就是使用了经验。

理论

一般用于形容有系统的学说，或者长期积累的、有结构关系的知识，并能够指导现实生活。

/ DAY 22 / 经验，源自个人经历的认识

经验来自个人具体的经历。经历一件事情后，就会把事情的起源和结果联系起来，并形成一个认识，只要看到同样的事情发生，就能够预想到后面将会出现的结果。

我们看到红色，同时感受到热气，能够判断那是火，靠得太近会被烤伤，这就是经验。看到水潭，要评估有多深，就要结合自己以前在水中的经验，是否能够自如地游来游去。如果感到冷，就要找件衣服穿上，不然就知道将会出现一种叫“感冒”的症状。

经验就是人类大脑的一种工作状态，对发生过的事情进行串联，并将串联后得到的结果用到自己将要面对的相关事情上。经验是非常个人的事情，比较依赖个人经历。即使双胞胎都不会有完全相同的经历，同样他们也不会得到相同的结论。

我听到客户给他的朋友打电话，问使用我们这件产品的体验，我就知道这个客户一会儿肯定会下单。

你听到这句话后，会想到什么？会有同样的判断吗？或者，你过去有过类似经历，而客户却没有下单，你是否认同这个人说的话？

当一个人谈论自己的经验时，听的人就会思考自己的情况，然后通常会陷入一个不由自主的漩涡，那就是急于表示认同或者反对。尤其是一个妈妈讨论自己的育儿经验，并得出一些结论时，旁边听到的妈妈很快会陷入漩涡：我家孩子就不是，或者我家孩子也是。

这都是经验对经验，一个人对另外一个人，一次事件对另外一次事件。而实际上，**我们应该跳出漩涡，思考得出这个结论的前提，以及该结论是否在多数情况下成立**。比如，当听到这样的说法："如果 1～2 岁的孩子对喝奶要求的响应速度过快，就能够看出，长大后他会比一般孩子性急，需求出现时就要立刻得到满足。"正确的思考应该是：前提条件是什么，预测的后期行为将是什么，多少例子说明上述这个结论是正确的。

这就是对待经验应该有的思考方式，没有必要急于认同或者否认，也没有必要根据自己的经历来鉴定别人讲述的经验。而是跳出漩涡，看其他多数情况，然后再结合自己的经历。

测试题 THINKING GAME 2.0

|选择题|

1. 实践是从事实际的工作，在工作找到规律，摸索方法。实验是在实际工作之前设想一个结果，并在工作中不断调整，将最终得到的结果与之前设想的进行比较，然后得出总结。试验是从事一个项目前，规范好各种条件，并严格控制条件，启动项目后，密切关注项目的进程，并最终得出严谨的结论。那么，你认为经验是来自：

A）实践　B）实验　C）试验　D）生活

2. 对规律、方法的认识可以来自实践、实验、试验，那么，来自哪个行为的规律和方法更严谨，并可以考虑参考使用：

A）实践得到的总结　　B）来自实验的启发

C）来自试验的报告　　D）来自生活的体验

3. “朗朗、丁俊晖都是从小开始培养的，因此如果现在决定开始培养孩子，未来也一定能够成材。”这句话涉及的两个人物都是经验，然后把经验的启发用到自己的判断上，并表示自己要开始落实。那么，是否能够如愿取决于：

A）是否能够长期坚持

B）是否能够找到那两个人成功的所有可能因素

C）是否能够找到培养那两个人的教练

D）是否能够送去那两个人的学校

/ DAY 23 / 理论，对事情全面、完整、系统的说法

有关跑步，有人说，只要坚持，就能够得到结果。还有人说，要看跑步的核心目的是什么，然后再进行全面的规划。还有人说，跑步的过程是推动全身的血液流动，而这就需要心脏增加收缩舒张的频率，俗语就是心跳速率。如果一个人平常心跳在 60~90 之间，那么开始跑步约 5 分钟后，心跳应该提高到 100~130 之间（这里说的跑步不是竞技跑步，而是平素锻炼速度每小时 6 公里），10 分钟左右，心跳高峰值可以达到 150，并维持这个速率。出汗是 100~130 心跳速率的外在表现，流汗是 150 左右心跳速率的外在表现。减肥需要维持 150 左右的速率超过 45 分钟。实际上，跑步 20 分钟后，心跳速率大约在 170 左右，大口喘气，强烈地想停下来。

以上对跑步的说法，第三种比较全面，这种形式叫理论。

“理”这个字的用法很多，有理性、理想、理解、理论等。这个字源自对玉的处理过程，玉坚硬，如果得法，照样能够按照心愿打磨为各种形式。引申为道理、规律、内在结构、过程、步骤等。

“论”的用法也有很多，有结论、定论、论述、论据、论证等。“论”的意思是人说出来的。繁体字“論”的意思更加确切：一个人说出来一本册子，也就是大段的看法，有结构、层次、涵盖的范围等。

本书所讲的“理论”，就是“理”与“论”相结合，意思是一个人说出来的规律，比较系统、完整，既可以扩展外延，也可以深入内涵；既超越经验之上，又能够按照这些规律落实。

以上跑步的第三种说法还可以进一步完善，并最终形成一本书。大家不妨浏览一下书店、网上商城，有关跑步的书汗牛充栋，都是各家之言，自成体系，不过各自都有各自研究的思路，也都有基础的逻辑，不必纠结谁对谁错，都是理论。

每个人在学校、书本上都学过不少理论，比如物理学，就是完整的物体规律、关系、运动的体系。可是，这算学习了理论吗？不算，大家学的不过是系统中的运算公式，缺乏从整体视角来看待物理学这个完整的系统，也就看不到理论的框架，反而聚焦到细节末节中了。这等于没有学习理论。

测试题　THINKING GAME 2.0

|选择题|

1. 理论的核心不仅是内容要足够多，还要强调内在规律。以下哪句话不算规律：

A）只要坚持，就能够成功。

B）只要每天写 300 字日记，观察到的事物就开始多起来。

C）每天用五分钟朗读同样一段内容的文字，100 天后熟练自如，不用看内容。

D）有志者事竟成，无志者常立志。

|排序题|

1. 经验不会自动变成理论，通过经验形成的理论也有质的不同。理论本身也是不断修正、进一步完善的过程，几乎所有理论都依赖以下四个方面，你认为哪个方面对形成一个优质的理论影响最大：
   A）时间更重要：长时间的检验积累
   B）范围更重要：各种条件下的经验
   C）观察更重要：能够看到、感受到各种情况
   D）思考更重要：对得到的各种来源的信息进行思考
2. 理论的形成关键还是在于人。教书多年的老师多数成为教书匠，就是因为经验丰富却没有指导性的理论，没有自成一体的系统。形成理论要看这个人每天的行为方式，以下四种行为方式，哪个侧重点更加容易出现理论：
   A）强调应对事物时的机动灵活
   B）突出短期目标完成的过程和环节
   C）强调不断地复盘，并输出为文字
   D）突出目标的规划，落实到行动

/ DAY 24 / 纸上谈兵，不如理论联系实际

理论就是对一个事情有全面、完整、系统的说法。全面就是内容多；完整是总有内容超过多数人了解的边界；系统就是内容前后一致，具备严谨的逻辑，承认前提就必须承认结果，之间的推导过程都是经科学试验论证了的。

按照书上的育儿理论，联系实际，有时却无所适从。比如，“要关注孩子的注意力，注意力才是 5 岁以下孩子最重要的内容。”这句话是一项系统化的研究得出的成果，至少目前儿童心理学、儿童发展心理学领域的专家都认同这个结论。这应该是一种理论了，但是按照这个理论，你能够做什么呢？你读书过程中学

到这个说法，好像也只能认同，具体到实际运用的时候，问题陆续而来：

1. 什么叫注意力？
2. 孩子注意力的具体表现有什么呢？
3. 注意力用什么量化标准来衡量呢？
4. 提高孩子注意力，应该做什么呢？
5. 孩子注意力薄弱是由哪些原因造成的呢？

如果这些问题没有具体、可以直接操作、能够落实的说法，你看到的理论确实就是没用的，顶多是作为一个读者，你知道了一个理论而已。

理论缺乏具体的操作说明，读者又缺乏举一反三的落实能力，看再多的书本，仍然不知道如何有力地回答父母说的话："你那书上说的这样喂小孩、那样喂小孩，你小的时候，我没有看书，不是照样把你养大了？"

不能理直气壮地回答这句话，同样，你自己对理论也是含糊不清，而且，对书本上的内容也是将信将疑。于是，你大概也就认同了纸上谈兵的意思——说得像回事，实际做不来。

很多销售培训强调要对客户真诚，没有销售顾问不认同这一点。公司也强调要对客户真诚，对客户真诚会对公司长远发展、个人在行业内的发展，以及个人职业生涯的发展都有好处。这些内容就是纸上谈兵。实际接触客户的过程中，每个销售顾问还是不知道如何表现真诚。还是有客户觉得销售人员说话含糊，认为其一定隐藏了什么，提到产品缺陷的时候，都不承认。公司耗费时间对销售顾问的教育都陷入了空谈。"对客户要真诚"是属于销售理论，谁都认同，但是没有人具体告知对客户真诚的具体表现，比如杜绝使用模糊词汇，像"可能""也许""大概""应该"等字眼；与客户说话时，要看着客户的眼睛，不能看其他地方。这些都是具体的操作，是行为层面的，也才能够在实际工作中体现出来。

用脑不是停留在理论上的说教，而是针对现实具体的情况，思考出实在的解决方法，然后落实到行为层面，解决销售过程中的障碍。

测试题 THINKING GAME 2.0

|选择题|

1. “回顾我自己销售能力的发展过程，确实是先体验到挫折，然后不断尝试，继续受挫。接着被高人点拨后开始读书，并发现自己实际的销售做法在书中都有利弊分析。我开始设想，如果按照书中的理论来销售，客户是否真会如书中那样表现。于是就在实际销售过程中参照理论去做，结果发现真如书中所说。接下来我就加大读书量，并将在书中读到的可以落实的做法写下来，第二天去落实。短短 5 个月，我的销量大幅提升，人生的拐点就这么悄悄扭转了后来的人生道路。”
   这段自我成长过程，你认为理论的作用主要体现在：
   A）从事具体的销售活动前　　B）销售遭遇挫折后的反思过程
   C）核对销售过程，将理论具体化　D）模仿其他销售顾问的做法
2. 有时，经过缜密的思考，前后各种变化的可能都考虑到了，但是规划出来的方案和实施套路在落实过程中，还是没有实现预期的效果。这说明：
   A）做计划、规划没有实际用途
   B）规划有不完善的地方，不能照搬
   C）出现偏差恰好就是完善规划的机会
   D）还是要请专业人士来做规划

|排序题|

1. “你那书上说的要这样喂小孩、那样喂小孩，你小的时候，我没有看书，不是照样把你养大了？”应对这个说法，你认为以下四种答复哪种更加理性：
   A）好吧，那就听你的，你来带吧。
   B）养大我的过程中，基本目标就是长大，不出意外，每个个体都能够长大啊。
   C）养大我们确实是事实，但养的过程没有任何偏差和失误吗？
   D）按照我的方法也可以养大，还可以养好，养出我自己满意的孩子。

THINKING GAME

23

互联网思维与系统思维

KEY WORD

·关·键·词·

互联网思维

互联网的主要特征就是信息超载、廉价、传播便捷，导致大量有关的信息与无关的信息交织在一起，呈现在人们面前，使得人们的思考方式更加眼前化、短暂化。当下的信息对人们行为、情感以及思维方式的影响越来越强烈。

系统思维

对事物进行多方面的考虑，这些方面彼此关联，并互相影响，从而使事物整体发生变化，这就是一种系统性的考虑方式。

/ DAY 25 / 互联网思维，一切都围绕信息展开

互联网是实现信息流动的技术统称。我们日常生活工作，每天都需要信息。

1. 买东西要知道价格，还要知道功能。
2. 求职找工作，要知道哪里有工作。
3. 去外地旅游，想找一家性价比高的酒店。
4. 开淘宝店需要快递供应商，想找一家可靠的。
5. 晚上招待朋友，想找一家不错的餐厅。

例子够多了，而且人人都有很多体会。然后这种情况带来了什么呢？过了最初兴奋、好奇的阶段后，一些效应随之而来了。

1. 信息的流通很快，即时出现。
2. 信息的内容海量，看不过来。
3. 不知不觉陷入信息之中，时间不够。

我们深入思考一个问题：以前我们主要把时间花在信息寻找上，通常找到之后也会对这些信息深信不疑，毕竟信息不多，又多是政府媒体发布的。我们

用找到的这些信息做什么了？

消磨时光、学习知识、闲聊交友、购买商品、选择专业？

这个问题紧接着又会发酵出来新的疑点：**信息在我们的生命中到底起到了什么作用？**

这个问题就回到了今天的主题，互联网思维。一切都是围绕信息展开的，有一批制造信息的群体，还有一群传播信息的中间商，以及接收信息的群体。

“互联网思维”是由制造信息的群体创造出来的，然后中间商立刻领悟到，这个名字听上去高端大气上档次，于是开始摇旗呐喊。结果，整个社会媒体中充满了这个词汇，但究竟是什么意思呢？很多说法都是模棱两可、含糊其词。

总之，了解了来龙去脉，你应该自己可以说出来互联网思维到底是什么？严肃地提炼一点要点吧，用来说明你理解的互联网思维。

测试题 THINKING GAME 2.0

|排序题|

1. 人需要信息，而且要花时间在信息上。比如，用时间寻找信息、处理信息、加工信息、做出决策。当信息缺乏的时候（互联网以前），人们多是花时间寻找信息，也会掏钱购买信息，比如买报纸看新闻，买图书学知识。进入互联网时代以后，你觉得人们在信息上投入的时间更多地用在了：
   A）比较大量类似的信息　　B）储存各种信息
   C）制造有目的的信息　　D）沉浸在信息中
2. 信息除了传播以外，就是交互。比如群内大家讨论，就是交换对一个事情各自的看法、依据，以及看到的事实等。以下哪种情况算是加工信息：
   A）你一言我一语，不超过 10 个回合就换主题
   B）一个主题的不同方面可以讨论超过 30 个回合
   C）群内成员平均每人每天每次发言字数多于 25 个字
   D）群内成员互相帮助，查找旅游目的地的景点、美食和娱乐项目

3. A：如果你在一家公司上班，那么，要了解该公司近期情况。
B：你家附近有哪些公众设施，比如电影院、图书馆、运动场馆等，这些设施的营业时间、活动内容。
C：你认识的人的近期情况。
D：自己的收入、能力发展，所在公司的经营情况，整个社会的经济形势，以及这些因素之间的关系等。
对于以上四类信息，以下哪种情况长期发展对人有潜移默化的积极影响：
A）每天用在这四类信息上的时间占比均衡
B）每天用在这四类信息上的时间占比合起来超过 75%
C）四类信息时间占比随机，都围绕一个主题
D）四类信息时间占比随机，根据具体情况灵活分配

/ DAY 26 / 系统思维，将认识对象作为一个系统

系统思维最困惑的是“系统”两个字。

如果你一分钟内不停地喝水，大约会摄入 300～500 毫升，这样你大约会在 40 分钟左右去洗手间。这是一个直接的因果关系。但如果这 40 分钟内，你开始跑步，维持匀速每小时 6 公里，那么 70 分钟内你大概都不会有去洗手间的需求。这里增加了一个变量，改变了去洗手间的时间长短。这说明人体是一个可以预测的机体并且可以调节，增加一些变量，就会出现一些不同的结果。

以上就是一个系统。系统可以有很多因素，比如太阳的变化、人类燃烧排放的变化、生物数量的变化，都会影响北极冰川的变化。

一个组织为了一个目标而购进原材料，生产加工，进行销售，这就是一个

系统。一个业务部门设计图纸，制作网页，汇总数据，并影响公司的决策，这也是系统。系统可以很大，也可以很小。一只蚂蚁自己就是一个系统，一头大象也是。

系统是一个变量多、过程多、结果多的完整过程。

图 23-1 是一个 3×3×3 的结构形成系统。ABC 不同阶段的组合，将导致出现 27 种不同的结果。A 系列是一个人 5 岁左右的指标，B 系列是他 10 岁左右的指标，C 系列是他 25 岁的指标。不同的组合，就是不同的人生。这是一个比较标准的常态系统。目前，多项严肃学术研究几乎都是以这个框架为基本结构来展开。前沿科技通常都是放大到 9 个系列，每个系列 9 个变量，形成庞大精深严密的系统。

A1：身高	B1：睡眠	C1：幸福
A2：视力	B2：运动	C2：独立
A3：臂力	B3：注意力	C3：成熟

图 23-1　3×3×3 结构系统

假如把 A 系列变成同事认识你三个月的情况，更换三个变量；将 B 系列换成认识一年的情况，设计三个变量；C 系列换成认识三年的情况，设计三个变量。你就可以预测任何一个与你共事三年以上的同事和你关系的变化情况。

你可以设计一个客户关系系统吗？然后，通过确定变量，发布到不同阶段，陆续填写信息到表格中，你手里就有了一个万能的客户关系系统，这个系统就如同藏宝图一样，你就是系统的主人，能够让系统为你的目的发挥作用。

测试题 THINKING GAME 2.0

|排序题|

1. 设计并完善一个系统，给人们的最终好处是（最大的好处排列在前面）：
   A）有成就感，能够实现名垂千古
   B）能够了解事物的本质，并掌握事物
   C）能够通过改变过程的变量得到自己想要的结果
   D）能够发布预言，提前知道事情的结果
2. 设计一个 3×3×3 的典型系统，最难的部分应该是：
   A）确定 ABC 之间的次序关系
   B）确定 ABC 分别是什么项目，能够引导到结果上
   C）确定 ABC 中的三个变量
   D）确定每条线形成的 27 个可能结果
3. 任何事情都可以建立系统，但是需要学习。你认为，没有按部就班地学习过系统思维的人，应该从哪个步骤开始训练自己的系统思维能力（最简单的排列在前面）：
   A）最好先找到 A 的三个变量
   B）最好先确定有 A 就有 B，然后肯定有 C
   C）最好先确定要什么结果，比如三年涨工资
   D）最好先确定系统研究的主题，比如做饭

/ DAY 27 / 思维，对事情确定、稳定的看法

“用脑”是什么意思？比如用手刷牙，别人能够看见你的手拿起了牙刷，但别人怎么能够看见你用脑了呢？“用脑”是口语，书面说法应该叫“思考”，更书面一些的叫法是“思维”。

“思维”的第一个字“思”由“田”和“心”组成。“田”是变迁过来的字，

原字应该是“囟”，意思是大脑前部中间，婴儿脑部发育最后合上的那个缝隙。古人造“思”字，意思是从心到囟，心脏供血，囟门合上，形成系统，就可以琢磨事儿了。“维”字最初的意思是状态。如果你能够保持琢磨的状态，就可以形成维度，也就是范围、层次。思维是在脑海中对一件事情琢磨一段时间后，形成的对这件事情稳定的认识和多层次的看法。

看到一件事情，心中有好奇，然后开始琢磨，一段时间后，得出一些自己的结论，这个过程可以叫思考。最后形成的状态，也就是对事情确定的、稳定的看法，就是思维。思考的时候有可能想到很多方向，这些方向叫思路。不断辨识这些方向中哪个能够解开自己最初的好奇、疑惑，就叫思索。

以上四个词汇：思考，思路，思索，思维，合成一个体系，就叫思想。

你可以从四个维度训练自己最后形成的思维，分别是广度、深度、高度、速度，简称“广深高速”。

1. 思路很多，就是广度。比如孩子三岁了说话不利索，其原因可能有舌头与大脑链接的步骤、大脑对应区域的发育、听力问题、模仿能力、睡眠、饮食等。这就是有多个思路。
2. 不断辨识这些思路，哪一个权重大，哪一个在先，哪几个彼此之间互相制约等，就是思索的深度，即思路之间的各种关系、先后次序、彼此作用、互相牵制等。
3. 如果你的思考能够同时扩充更多的思路，又可以加工这些思路，这时就具备了速度。
4. 最终形成的思维能够全面地看待自己思考过的所有事情，有更加广泛的视角和更加宏观的认识，这就是高度。

对于销售人员来说，训练自己用脑的具体做法从三个动作开始：

1. 用心观察，善于提问。
2. 自己尝试给出答案，并自我解释。
3. 坚持写销售手记。

第一个就是接待完客户后，应该思考，客户刚才为什么问了三遍关于刹车制动距离的问题？这就是对自己经历过的事情用心了，并提出了这样的疑问。如果不用心，就会想：过去就过去了，该接待下一个客户了；或者，用脑多累啊，何况自己也找不到答案。用心的话自己就可以提出很多疑问。

第二个就是自己尝试去解答自己提出的疑问。实战中的销售具体情况都没有绝对正确的答案。何况，目的也不是找正确答案，而是练习自己的思考。尝试自己给出解释，如果下次有机会见到客户，就可以通过询问的方式得到验证。这就是用脑训练自己的过程。

第三个就是写销售笔记。无论有没有疑问，都要将接待过程、问答内容的要点记录下来。好记性不如烂笔头，长期书写当天的情况，就能够渐渐培养出有意识思考的习惯、思考的本能，也就形成了思索的痕迹。

这就是实战销售中的用脑。用脑，从用笔、提问、自问自答开始吧。

测试题 THINKING GAME 2.0

|选择题|

1. 孩子发育过程中，不仅要重视其身体健康，还要重视心理发育、精神建设，以及智力的发展进度。这个说法能够体现思维的：

A）广度　　B）深度

C）高度　　D）速度

2. 孩子的健康能够影响孩子的一生，而精神对一生的快乐有更加持久的影响。心理发育不仅会影响这个孩子自己的一生，还将影响到这个孩子的后代，也就是一个家族的未来，甚至可以说整个民族，乃至整个国家的未来。这个说法进一步体现了思维的：

A）广度　B）深度　C）高度　D）速度

3. 实际上，孩子的身体发育会受到心理发育的影响。如果孩子大哭以后立刻就让他喝奶，喝进去的奶不会得到最大程度地分解；而需要一些微量元素的器官在发育过程中得不到这个养料，婴儿肥就形成了。很多父母先重视的是孩子的健康，实际上心理发育是首位的。

以上这段说法，体现了思维的：

A）广度　B）深度　C）高度　D）速度

THINKING GAME

24

处理问题与解决问题

KEY WORD

·关·键·词·

处理问题

人们面对不符合自己预期的事物会采取行动，试图让事物向自己期待的结果方向变化。眼前采取的行动、方法都是对问题的一种处理。处理问题着重在行动，让眼前的事物出现符合预期的变化。

解决问题

也是对不符合预期的眼前事物的一种应对方式。解决问题重点强调的是对问题成因的分析，而不是立刻着手采取行动。

/ DAY 28 / 处理问题，不让问题导致的损失扩大

我们都知道，如果发生了火灾，应该设法逃生，救火队员要设法尽快灭火。失火是出现在眼前的一个问题，我们就要着手处理问题。处理问题的核心目的是减少问题扩大后导致的更多的损失。简单地说，就是控制损失。这样一个简单的目的，涉及三个变量：

1. 干预的时机
2. 干预的手段
3. 干预的延续

比如救火，是立刻浇水，开门逃跑，还是需要下走十层楼梯？这三个问题就涉及了时机、手段、以及延续。除了浇水，还可以浇别的液体吗？这就是思考手段。

我的孩子玩游戏上瘾，一玩就是好几个小时，我们该怎么办呢？

这就需要用到处理问题的三个原则。

1. 时机：要求孩子立刻停止，不要再玩了，这就是立刻干预。还有更好的时机吗？
2. 手段：使用父母天生具备的权威，提高音量，僵化面部表情来突出语言的力量，还可以加快语速，同时威胁将采取的暴力措施……还有其他的手段吗？
3. 延续：使用的手段有后续吗？孩子如果没有响应，你将如何？孩子偷着玩，你能够发现吗？

遭遇问题时多数人都会被问题引发的可能后果锁定，并尽快进入感性本能，要么避害，要么趋利。而问题多数导致的是避害效应，本书前面提到，避害心理反应的是典型的感性力量。感性的人缺乏选择，包括对时机、手段的选择，以及事情进一步发展可能的规律和自己的对策考虑。没有了理性参与，一切行为都会被感性控制，这是多数人面对问题时的本能表现。

测试题 THINKING GAME 2.0

|选择题|

1. 处理一个问题需要三个原则，你认为这三个原则通常都是运用在：
   A）问题出现之前　　B）问题出现的过程中
   C）问题解决后　　D）没有问题也要运用
2. 处理问题重点关注的是损失，要控制损失，努力实现尽可能小的损失。设想一下，火势已经控制住，而且火已经彻底熄灭了，这时如果运用系统思考，应该做的是：
   A）寻找火灾的责任人　　B）讨论损失的补偿
   C）尽快恢复灾前情况　　D）找到火灾带来的有利一面
3. 孩子开始大哭，这是问题。以下哪个应对方式属于考虑时机：
   A）立刻转移孩子的注意力　　B）任由孩子先哭一会儿再说
   C）不看孩子，表示不予理睬　　D）推测一下孩子哭的意思是什么

|思考题|

1. 针对今天提到的案例："我的孩子玩游戏上瘾，一玩就是好几个小时，我们该怎么办呢？"按照以往下意识的反应，你将如何回答这个问题？然后思考自己的回答与处理问题的三原则之间的关系。

2. 你自己的生活中有过问题吗？你思考过这些问题吗？面对问题你采取了哪些行动？这些行动背后是什么样的原则？请列出一个你在工作、生活、人际关系、客户关系中任何一个方面感受到的问题，然后运用处理问题的三个原则，尝试写出自己的思路。

/ DAY 29 / 解决问题，避免同类问题再次发生

处理问题是处理那些已经发生了的、看到了的意外情况，并防范问题扩大造成更多的损失。解决问题是以后不再出现同类问题，为了确保不再出现同类的问题，就要寻找问题出现的原因。

比如，出国旅游，到达新的地方后会感觉身体不舒服，或者表现在胃部，或者表现在头部。民间的说法就是“水土不服”，过两天自然会好。久而久之，大家都接受了这个说法，并把它当成了经验，以后再去别的地方，也要接受会出现水土不服的情况。也就是说，你实际上认定水土不服情况肯定会随着你到新地方而必然发生，而并不把它当成一个需要解决的问题。但如果你把它当成问题，设想解决方案，就是防范以后再次发生。这才是解决问题的思路。

又比如，你知道自己会晕车船，既然已经知道一个问题将会出现，思想上也做好了应对的准备，却没有意识去克服这个问题。又或者，找到了晕车船的根源，乘坐前 30 分钟吃一颗药丸，就完全没有晕的感受了。这个药丸就是解决方案，以后不再晕车晕船，问题得到了解决。

解决问题是从已经发生的事情中寻找导致事情发生的原因，然后逐一排除，直到后续问题不再出现，问题就算得到了解决。

解决问题要用到三个原则：

1. 任何一个问题都要努力找到三个可能的原因。
2. 每个原因都有可能是另外一个原因的结果，给每个原因再找三个原因。
3. 给这些原因确定权重，也就是对结果的影响程度。

比如，我认为自己体重超标，有三个可能的原因：遗传，生活方式，饮食方式。这就对应第一条原则。其中，交友不慎、睡眠太晚、缺乏锻炼构成了生活方式不好的三个原因，这对应第二条原则的 1/3。然后，经过判断，我觉得遗传因素占体重超标的 15%，生活方式占 35%，饮食方式占 50%，这就给这些因素分配了权重，对应第三条原则。

这时就可以根据这个结果制订行动计划了，并具体落实，从而能够解决体重超标问题，而且是系统性地解决。

测试题 THINKING GAME 2.0

|选择题|

1. 解决问题是否成功的衡量标准就是问题不再出现。有可能一模一样的问题确实不出现了，但出现了变形的问题，于是就要重新执行“三三原因”查找思路，并制订计划。那么，执行新计划后，问题又出现了新的变化，这说明：

   A）你正在设计一套完整的系统　　B）解决方案不彻底

   C）“三三原因”的系统化不完整　　D）这种解决方案的思路效果不好

2. 孩子沉迷于游戏，不吃不喝也不睡。以下哪个思路属于尝试解决问题：

   A）把孩子送到戒瘾中心　　B）没收电脑、手机

   C）看看他的好朋友谁也在玩游戏　　D）了解一下孩子玩的游戏

3. 撒谎是一种负面行为，当发现孩子有撒谎行为后，正确的思路不是处理问题，而是解决问题。这就需要知道正确的思考方向，以下哪个是正确的思考方向：

A）惩罚孩子让他记住以后不能再撒谎

B）思考自己最频繁地指责过孩子哪些行为

C）了解一下他结交了哪些朋友

D）思考过去较长一段时间孩子的行为

/ DAY 30 / 问题，与预期不符的现象

你学习本书时，写过自己的学习目标吗？或者，希望通过学习解决什么问题呢？

这里所说的问题，不是好奇一个事情的来龙去脉，也不是记者采访时提出的那些问话。而是一个现象出现了，却发现与自己的预期不符合。

- 我的体重与同年龄男性严重不一致。
- 孩子不该如此沉迷于游戏。
- 飞机正常情况应该安全到达。
- 多数孩子这个时候没有发烧啊。

以上这些都是问题，都是与预期不符合。

处理问题是采取行动，不让问题的破坏面扩大。解决问题是找到原因，并解决所有可能出现的原因，从而让同类问题不再出现。像火灾这样的问题，时间紧急，只能立刻行动，控制波及面。像车祸导致的骨折、昏迷都是时间紧急

的事件，需要立刻行动，减小损失。而孩子撒谎这种事情，不是短期立刻有严重后果的，这就需要从长计议，找到原因，有针对性地解决。

这样一来，采用我们曾经学习过的分类方式这个工具，把手里的问题进行分类，按照紧急程度、重要程度分为四类。这四类就有不同的思路来应对。即使紧急问题得到处理后，也要采用解决的思路思考，而不是限于追究责任、赔偿损失这些后续处理，仍然需要积极主动地防范以后同样的事情再次发生。

销售人员应该会把客户流失当作问题。如果真当作问题，就有两个方式，或者处理问题，或者解决问题。处理问题就是想尽办法挽回流失的客户，解决问题就是预防其他客户流失。每个动作都耗费时间，最好两个都能够做到。挽回流失的客户就要立刻采取行动，预防其他客户流失就要寻找客户流失的原因。两个方法都可以去尝试，然后比较两个方法的成功率，以及耗费的成本。

测试题 THINKING GAME 2.0

|选择题|

1. 以下哪个情况算问题：
   A）预计本月销售额 12 万，结果才 8 万
   B）预计今天能够背 20 个单词，结果背了 30 个
   C）预计一个月减重 3 公斤，结果减了 2.8 公斤
   D）预计下班后到家应该是 6 点前，结果是 6：05
2. 以下哪个问题，应该采用处理问题的思路：
   A）地铁旁边一个女生晕倒了　　B）地铁车厢内有人讨饭
   C）地铁车厢内有家长训斥孩子　　D）孩子晚上睡不着觉

|排序题|

1. “我今年已经 23 岁了，还没有交过女朋友，该怎么办呢？”

面对这个提问，首先要判断，这是一个问题吗？如果是，就要确定这个人心中的预期是什么？那么以下四个回复，你觉得哪个才是在系统性地帮助这个男生？

A）你认识的 23 岁的男同学有过女朋友的占比是多少？

B）18 岁到 23 岁之间，你做过什么样的尝试？

C）说一下你对女朋友的要求吧。

D）你现在有工作吗，买车了吗，家里有婚房吗？

|思考题|

运用书中提到的处理问题、解决问题的原则，尝试应对你眼前遇到的任何问题，并将规划解法写下来。

扫码获取第三篇 21~30 天的测试题解析

扫描二维码，
听孙路弘老师对用脑拿订单的总结

测试题答案 THINKING GAME 2.0

第一篇　线性销售，思维过程的 6 大要点

01 销售流程，没有第一步就没有第二步

Day1 一切销售活动都源自生活

| 选择题 |

1. A 0分，一眼看到的东西是没有先后次序的，是瞬间进入脑海的大量信息，是非线性的。

   B 5分，听别人讲话时，必须听完一句才会听到下一句，是线性的。

   C 0分，触觉能够感受到物体的粗细、冷热、形状，这也是同时进入大脑的无序信息，是非线性的。

   D 0分，味觉也没有前后必然的次序，是非线性的。

2. A 5分，同样都是一分钟，看到的东西是最多的。

   B 0分，听觉是线性的，捕获信息量有限。

   C 0分，触觉本身获得的信息就不多。

   D 0分，味觉在足够的训练后，可以增加信息摄取的感觉细胞。

3. A 5分，看到了牛肉干的样子。

   B 5分，听到了吆喝的声音。

   C 5分，闻到了香味。

   D 5分，舌头上感觉到了味道。

02 动作是因，成交是果

Day2 最终的结果与最初的预想

| 选择题 |

1. A 0分，这个频道的确有大量的观众，但其中会有多少人有保健需求?

   B 0分，这个频道的观众都是处于人生冲刺阶段的人，不会关注自我保健。

   C 5分，这个频道的观众老年人多，是投放广告的正确选择。

   D 0分，少儿与保健品还离得远呢。

2. A 0分，这是对的，但不是这一节的核心内容。

   B 1分，这个好一点，不过，背后的本质还有更深的含义。

   C 0分，勤快并不解决实际的问题。

   D 5分，因果是做任何事情都要思考，一旦结果与预期不符，就要寻找原因，不能轻易地认为是不够坚持、不够执著。

3. A 0分，简单的工作都是重复性的，需要勤奋。

   B 1分，销售工作是变化多端的复杂工作，有时能够碰上规律。

   C 5分，业绩如果稳定，就一定有规律在里面，要寻找出来。

   D 0分，祈祷仅仅是精神上的安慰。

Day3 销售流程与购买思路

| 选择题 |

1. A 2分，这是一个苏醒中的意识。

   B 1分，这个还不是非常明显。

   C 0分，这个有一部分家长意识到了，大多数家长还没有这个意识。

   D 5分，更多的妈妈意识到了这个需求。

2. A 5分，这是立刻就表现出来的需求，并直接到达最强烈的程度。

   B 1分，有可能会意识到场所也是一个原因。

   C 2分，会更多地意识到孩子以及孩子身边的小伙伴。

   D 0分，对孩子要多使用肥皂的意识没有这么强烈。

3. A 5分，推动智能手机发展的最初动力就是收发电子邮件。

   B 0分，可以随时照相是后期阶段的辅助需求。

   C 0分，电话已经可以随时保持联系了。

   D 0分，玩游戏应该是符合中国低端市场需求的一个点。

Day4 辅助需求与明显需求

| 选择题 |

1. A 0分，企业往往会陷入从产品出发的视角。

Ⓑ 5分，这是不同视角的问题，从客户角度出发才是真正把握销售过程。

Ⓒ 1分，不强调话术，强调话题。

Ⓓ 0分，还没有涉及价格战，仅仅是理解客户。

2. Ⓐ 0分，这个思路不是强调该说什么，而是引导客户该想什么。

Ⓑ 5分，当客户的联想扩大，对产品的认识加强，需求也就全面了。

Ⓒ 1分，无关乎产品更多的功能，功能只有从客户角度出发才是实际的。

Ⓓ 2分，这是一个方面，但不是核心目的，核心目的是强化对客户的理解。

3. Ⓐ 0分，不要太在乎客户对产品的认识，重要的是客户对自己的认识。

Ⓑ 2分，客户有可能会被销售顾问吸引，毕竟销售顾问打开了他们的思考范围。

Ⓒ 5分，这就是让客户激发自己开始使用产品的想象力，建立关联感受。

Ⓓ 0分，品牌是对产品满意后的评价，而不是销售话术的流利。

03 动作次序正确，才有可能成交

Day5 遵循正确次序才有可能成交

| 选择题 |

1. Ⓐ 0分，很多销售人员把时间用在讲这个话题上。

Ⓑ 0分，一些企业意识到价格话题不对，开始培训销售人员讲这个话题。

Ⓒ 0分，大额工业品销售把这个当作重要目标。

Ⓓ 5分，实际上，人与人交往，这个是最重要的。

2. Ⓐ 0分，企业对销售人员培训的很多时间都用在这个话术上。

Ⓑ 0分，一些企业对销售人员灌输这个方面的内容。

Ⓒ 5分，很少有企业能够系统地培训销售人员掌握这类话题。

Ⓓ 0分，这个做法也是不少企业的实际情况。

3. Ⓐ 1分，记住不是第一步目标。

Ⓑ 0分，这也是后期的目标，不是靠名字的介绍来实现的。

Ⓒ 5分，这个比较具体，让客户产生好感是可以通过幽默诙谐地介绍自己的名字实现的。

Ⓓ 0分，这个是其他环节的目标，不能混为一谈。

Day6 关注客户的心理变化

| 选择题 |

1. Ⓐ 0分，听到熟悉的词汇，客户面部表情可能会显示细微变化，但不容易看到。

Ⓑ 5分，客户听到自己认同的常识会点头，下意识地点头。

Ⓒ 0分，客户听到这个通常会继续要求让价，不会点头。

Ⓓ 0分，客户听到介绍产品通常有两个表情，一个就是不耐烦，一个是听不懂。

2. Ⓐ 0分，如果有好感的话，客户脸上应该会出现笑容。

Ⓑ 0分，如果客户对产品有兴趣会继续提问。

Ⓒ 5分，客户只有对话题认同才会点头。

Ⓓ 0分，如果客户有疑问通常会沉默，或者找借口离开。

3. Ⓐ 5分，岁数大的人常识多，容易点头。

Ⓑ 5分，女性客户感性，不愿让人知道听不懂的时候会点头。

Ⓒ 5分，感性客户对听懂的内容会较快地点头。

Ⓓ 0分，没钱客户通常固执，有防范心理，不易点头。

Day7 先谈价钱还是先谈价值

| 选择题 |

1. Ⓐ 5分，还要看着对方的眼睛说出价格。

Ⓑ 2分，有一点诚恳，不过自信更重要。

Ⓒ 0分，老练不是好印象，尤其是躲闪价格，绕圈子的回答。

Ⓓ 0分，这不是幼稚，有时故意表示幼稚也是一种自信。

2. Ⓐ 2分，可以停顿，但那样就失去了对话题的引导。

Ⓑ 5分，突出自己的价值不是直说自己特别牛，而是依靠客观数字打动对方。

Ⓒ 0分，这是不自信的表现，会让客户觉得你对自己的产品没有信心。

Ⓓ 0分，这个话题是最后一个环节，即客户考虑购买了才能够用的。

3. Ⓐ 0分，可以这么说，不过还有更好的。

Ⓑ 1分，这个好一些。

Ⓒ 2分，涉及自己的具体情况，好多了。

Ⓓ 5分，最后这个涉及自己的亲人关系，打动客户的力度较大。

04 不同的环节，不同的目标

Day8 客户与销售顾问的交流

| 选择题 |

1. Ⓐ 0分，仅仅依靠发传单不能激发需求的出现。

Ⓑ 0分，当人们没有需求的时候，是不看产品的。

Ⓒ 0分，有了需求，看了产品，才开始找销售的地方。

Ⓓ 5分，完全没有进入环节。

2. Ⓐ 0分，如果假定没有需求，就不应该安排人来发。

Ⓑ 5分，假定有需求，所以把产品送到眼前。

Ⓒ 5分，然后提供联系方式、地址等。

Ⓓ 0分，派发传单的人不做销售。

3. Ⓐ 0分，已经不是无知状态了。

Ⓑ 0分，肯定也看过类似的产品了。

Ⓒ 5分，典型的第三环节的位置，收集信息，找时间去了解。

Ⓓ 0分，还没有出现第四环节。

Day9 巩固客户心中的需求

| 选择题 |

1. Ⓐ 5分，陷入憧憬就是右脑状态，容易冲动下单，希望那个憧憬成为现实。

Ⓑ 0分，不是为了物有所值的说明，这是随之而来的效果。

Ⓒ 0分，这也是随之而来的效果，还是要牢记创造憧憬。

Ⓓ 0分，也有这个效果，但不是最本质的。

2. Ⓐ 0分，创造从众感觉时，人数是关键。

Ⓑ 5分，群体归属感更加重要，同类人对同类人的影响是巨大的。

Ⓒ 0分，攀比心理不是这样用的，而是用特定不如这个人来做例子，他都买了……

Ⓓ 0分，证明产品有市场应该用公司存在的时间来证明。

3. Ⓐ 0分，老销售不做记录，多数是瞎编。

Ⓑ 0分，销售主管有利益动机，也会瞎编。

Ⓒ 5分，只有客户，满意的客户，他们才会真实地说出产品好在哪里。

Ⓓ 0分，竞争对手也是瞎编。

Day10 赢得客户的信赖

| 选择题 |

1. Ⓐ 0分，时间长了，一些新销售变成了老销售，但还是在背诵话术。

Ⓑ 0分，就是录音机播放，答非所问。

Ⓒ 0分，有时也会有真的，不过背诵出来就觉得假。

Ⓓ 5分，话术确实都是之前精心编制的。

2. Ⓐ 0分，这个可以，不过要模拟现场找人来听。

Ⓑ 5分，家人就是最好的练习对象。

Ⓒ 0分，朋友不太会有足够的耐心，听你重复讲相同的故事。

Ⓓ 0分，对着镜子实在是无奈之举吧。

3. Ⓐ 0分，收集的线索都是热点，不算永久有效的话题。

Ⓑ 5分，报纸、杂志上会有不少话题线索的。

Ⓒ 0分，多看书却不追求真懂，人就看傻了。

Ⓓ 0分，这个答案比较搞笑，估计以后就直接对着客户唱歌了。

Day11 深入讨论价格与价值

| 选择题 |

1. Ⓐ 0分，这类说法太常见了，一点创意都没有。

Ⓑ 0分，这个说法也很老套，没有新鲜感。

Ⓒ 5分，这个说法就比较接近了。

Ⓓ 0分，这个说法没有客观数据支撑。

2. Ⓐ 0分，这又会变成另外一种话术。

Ⓑ 0分，如果能够这样练习是非常好的。

Ⓒ 0分，还是话术的特色。

Ⓓ 5分，这才是将自己的思想深入用在所有

地方的真本事。

3. A 5分，这样是对的。

B 5分，这也是正确的。

C 5分，当然，完全可以。

D 5分，那就尽快开始吧。

Day12 推动客户下决心

| 选择题 |

1. A 5分，没有核实决策人就是这个结局，暴露了价格却拿不到订单。

B 0分，这个都不用核实了。

C 0分，这也是要核实的，都要一一核实。

D 0分，能够交流一段时间，都是可能有需求的。

2. A 5分，给客户的感觉就是这是最后的了，而且还是偶然才能拿到的。

B 0分，这个不会产生涨价的感觉。

C 0分，并没有提到赠品。

D 0分，这不在推动决策的范围内。

3. A 0分，这不是创建畅想的环节。

B 0分，信任环节在前面，不是这里。

C 0分，认同也是之前的一个环节。

D 5分，这才是推动决策的环节。

Day13 每个环节都以过渡到下一个环节为目标

| 选择题 |

1. A 5分，这个步骤当然需要，如果可能就要尽量显示你的幽默。

B 5分，这个步骤就更加需要了。

C 0分，到这里已经比较深入了，要开始严肃起来。

D 0分，这个步骤绝对不能逗客户笑，这是需要严肃的步骤。

2. A 5分，这个步骤客户有可能问价，可以立刻采用。

B 0分，这个步骤不用继续纠缠价格，要多谈自己。

C 5分，这个步骤可以采用价值编码。

D 0分，这个步骤就是强化机会就要失去的感觉。

3. A 0分，这个步骤不用确定。

B 0分，这个步骤也不用确定。

C 5分，这个步骤要尽量试探客户的决策权。

D 5分，这个步骤必须要核实这一点。

05 测量数据，识别思维中的误区

Day14 测量的基本概念

| 选择题 |

1. A 5分，成功比例下降，就说明有浪费的地方。

B 0分，不是追求销售额绝对提高。

C 0分，这样做销售顾问不会成长。

D 0分，这样做客户会越来越反感销售顾问的说辞。

2. A 0分，超过预先计划肯定不是好事。

B 5分，这个算符合销售效果，不能超太多。

C 5分，符合预期的意思是不能浮动超过5%。

D 5分，符合预期的意思是不能浮动超过5%。

3. A 0分，一个月范围较大，不能算作单位时间。

B 0分，一年就更不能当作单位时间了。

C 0分，对于销售精细化来说，每天还是粗糙。

D 5分，这才是单位时间效果。

Day15 销售环节中的测量点

| 选择题 |

1. A 0分，正是这种思想导致市场低效，混乱不堪。

B 0分，随便对天开枪叫锻炼啊。

C 5分，这就是危害了，你为了吸引进来一个客户花了多少钱啊。

D 5分，销售顾问就不再动脑子了。

2. A 0分，这个阶段的客户还没有意识到自己的真正需求。

B 0分，这个阶段的客户还没有建立对销售顾问的信任。

C 5分，这个阶段的客户才算熟了。

D 0分，这个阶段的客户还在匹配自己的预算。

3. A 5分，这才是同类比较的意思。

B 0分，这不算同类比较。

C 0分，这也不是同类比较。

D 0分，这种同类没有比较的意义。

Day16 测量数据的用途

| 选择题 |

1. Ⓐ 0分，也许这个转化率最低的环节就应该最低。

   Ⓑ 0分，也许这个转化率最高环节天生就应该高。

   Ⓒ 0分，这个思路有一点横向对比的意味了。

   Ⓓ 5分，销售量是依靠人来完成的，应该关注人作为一个元素对转化率的影响。

2. Ⓐ 0分，这是第二常见的，一些中型企业可能也陷入了这个误区。

   Ⓑ 0分，会犯这个错误的人通常是拥有一些管理水平的。

   Ⓒ 0分，一些大公司也会犯这个错误。

   Ⓓ 5分，这是中小企业最常见的管理参考依据。

3. Ⓐ 0分，纵向比较提示我们关注这个数据的横向情况。

   Ⓑ 5分，横向比较的数据可以通过调整不同的前提改善结果。

   Ⓒ 0分，对手的数据多数不可靠。

   Ⓓ 0分，市场调研的数据不如自己企业的实际数据。

Day17 测量的目的

| 选择题 |

1. Ⓐ 0分，仍然会有完不成的，不是都能够实现信心的建立。

   Ⓑ 5分，这是最具体的细节了，可以节省不必要的成本。

   Ⓒ 0分，这是比喻，理性严谨的思考要少用比喻。

   Ⓓ 0分，这确实是好处，不过比较长远、宏观。

2. Ⓐ 0分，这个属于主观因素，应该排列在最后的比较项目中。

   Ⓑ 0分，这个可以排列在第二，不同的产品吸引不同的客户群体。

   Ⓒ 5分，这才是具体的市场导向。

   Ⓓ 0分，时间因素也是线索类的，指导你去比较客户，比较产品。

3. Ⓐ 0分，应该对客观事物优先进行管理。对人的管理并不是优先的科学方向，也不是重要的项目，这是许多企业销售管理存在的误区。

   Ⓑ 0分，这个关注点是客观的，能够揭示规律的入手点。

   Ⓒ 5分，这是核心的，也是最重要的销售管理项目，对市场客户规律的把握。

   Ⓓ 0分，竞争实际上是对手主观行为的结果，不一定科学。

Day18 对不确定的结果进行较确定的预测

| 选择题 |

1. Ⓐ 5分，最早的粮食分配就是测量的思想。

   Ⓑ 0分，工业革命后测量工具更多，数据更具体。

   Ⓒ 0分，大数据是基于大量测量收集到的数据的一种处理思想。

   Ⓓ 0分，准确地说，应该是之前就有了。

2. Ⓐ 0分，科学性仅仅是知道，不是应该学的。

   Ⓑ 0分，思想不是用来学的，而是要知道。

   Ⓒ 0分，环节只有具体落实实施了才能够说学到了。

   Ⓓ 5分，这才是应该学到的，抓紧立刻落实。

3. Ⓐ 0分，如果真有立刻提高业绩这样的神奇妙方，恐怕也不是你一个人才有的。

   Ⓑ 0分，客户数量应该是一个客观的范围，不会没有上限地增长。

   Ⓒ 2分，至少应该建立布局的意识，这是一个长期的过程。

   Ⓓ 5分，通过落实每一个细节，才能够变成自己的能力。

06 客户数据分析，预测其下一步动作

Day19 记录数据，发现规律

| 选择题 |

1. Ⓐ 5分，这确实就是一个规律。

   Ⓑ 0分，用你自己的经验体会一下。

   Ⓒ 0分，当然能够看出来了。

   Ⓓ 0分，然后去买对手家的。

2. Ⓐ 0分，可能是一个原因。

   Ⓑ 0分，不能将类似这样的优势当做原因。

   Ⓒ 0分，小王其实并不用关心到底是什么。

   Ⓓ 5分，这才是小王的核心逻辑，通过实际

经验知道的，不回访就丢了。

3. Ⓐ 0分，这是有可能的，可能性不大。

Ⓑ 5分，这是关键因素，尽快了解到回去后沟通的情况，及时调整自己的说法。

Ⓒ 0分，这也是有可能的，预测就是可能性的战斗，找到高的可能性。

Ⓓ 0分，这个可能性不高。

Day20 推测客户内心真实的想法

| 选择题 |

1. Ⓐ 1分，这个信号不是最初的，应该是第三个出现的。

Ⓑ 0分，这已经是强烈信号了，有些销售这时还不知趣地讲呢。

Ⓒ 2分，这个出现的时间是比较早的。

Ⓓ 5分，这个动作是最早出现的，客户不再对你讲的内容感兴趣，提示你要调整了，或者该提问了。

2. Ⓐ 0分，这个疲劳程度不是最强烈的。

Ⓑ 0分，这个疲劳程度还比较轻，潜意识还是试图增加吸入的氧气。

Ⓒ 0分，这个动作表示疲劳，不过还是很初期的阶段。

Ⓓ 5分，这是最严重阶段，以上动作都试过了，没有解决，就经常挠头了，潜意识试图刺激大脑的血液供应。

3. Ⓐ 0分，一些发达国家社会诚信体系完善，人在购物时照样不会说出自己内心的想法。

Ⓑ 5分，这才是根本原因，自我缺乏清晰的认知。

Ⓒ 0分，有这个情况，不过不是常见情况。

Ⓓ 0分，这个可能性不高。

Day21 影响客户采购心理的三个因素

| 选择题 |

1. Ⓐ 0分，这个方面就不用考虑了。

Ⓑ 2分，实际上，连问三次表明客户可以接受价格。

Ⓒ 5分，没错，此时销售的重点是要赢得客户的信任。

Ⓓ 0分，三次压价是能够接受价格的意思。

2. Ⓐ 0分，不用考虑这个选项。

Ⓑ 0分，有还是没有，都不重要。

Ⓒ 5分，根据这个判断来做相应的决策。

Ⓓ 0分，客户哪有时间回来跟你斗气。

3. Ⓐ 0分，让了6 000元，这个单就丢了。

Ⓑ 0分，这也不行，客户更加不信任销售顾问了。

Ⓒ 5分，这是赌博，却是值得的。

Ⓓ 0分，这就等于把签约机会让给经理了。

Day22 准确率超过60%的就是有效方法

| 选择题 |

1. Ⓐ 0分，那么，是不是也会有其他销售顾问的经验与这个销售顾问的经验不同呢？

Ⓑ 0分，老师教的规律不能采纳，那么，都依靠自己的经验，就不用来学习了。

Ⓒ 5分，没错，当作自然科学，就会出现以上想法，比较理工科的模式，在男生中常见这个情况。

Ⓓ 0分，如果认为是社会科学，就要统计自己的做法成功多少次。

2. Ⓐ 3分，确实类似随口询价，不用认真。

Ⓑ 0分，看不出来采购意向的强弱。

Ⓒ 5分，这个回答的内容太常见了，属于新手。

Ⓓ 0分，老手一定不是这个表现。

3. Ⓐ 0分，失败的客户都是一个原因，没有赢得信任。

Ⓑ 3分，成交的客户是被不同的点触动了。

Ⓒ 0分，所有客户都回顾，就是没有方法的励志。

Ⓓ 5分，这是最有效的办法。

Day23 观察客户反应与激发客户

| 选择题 |

1. Ⓐ 0分，不用怕激怒任何人，人们发怒是自己的事情，不是外在的原因。

Ⓑ 3分，可以使用，要注意一些情况。

Ⓒ 0分，任何人都可以使用，初学者用了能够快速提高。

Ⓓ 5分，这个就是完美的回答，只对那些计较价格的客户使用。

2. Ⓐ 0分，记住，任何话都可以问，但要面带笑容地问。

B 3分，这句话可以用，不过是激怒客户的用法，不是激发。

C 0分，这个算正常交流，启发对方对价值的认识。

D 5分，这个就是激发的做法，往往很有效。

3. A 5分，让你追问，就是找机会把客户心中的低价揭示出来。

B 0分，这样的策略会让客户更多地追问。

C 2分，有这个可能，不过并不是主要的。

D 0分，到这个阶段已经没有机会重复介绍产品了。

Day24 刺激客户，观察反应，得出规律

| 选择题 |

1. A 0分，没错，这是具体的动作，还有广泛一点的。

B 5分，这个才是终结的目的，用在下一次改善上。

C 0分，做到以上所有的事情，你已经在高处了。

D 0分，拿到订单？应该是科学地拿到订单。

2. A 5分，心理感觉也可以自学、自悟、自省。

B 5分，要坚信自己掌控局面出自主动出击。

C 5分，劳心者，就是用心劳动的人能够治理一切。

D 5分，当然，都是可以学会的。

3. A 5分，规律总是存在的，是能够找到的。

B 0分，过度关注个体就陷入了不可知的心态。

C 3分，这个规律比较具象，而选项A概括了这个选项。

D 1分，这个仅仅是规律中的一个共性。

07 流程复盘，摒弃失败复制成功

Day25 进行细节的比同比差

| 选择题 |

1. A 0分，结果有差异，应该寻求不同点。

B 5分，任何结果都是过程中的不同点导致的。

C 0分，人仅仅是不同点的一个方面。

D 0分，比较所有方面，就意味着没有具体比较。

2. A 5分，找到差异点中那些都存在的行为才是解决思路。

B 0分，特殊情况不会同时出现。

C 0分，只要认为“都有可能”，就等于放弃了思考。

D 0分，只要想看下个月，就等于拒绝现在思考和预测。

3. A 2分，这是一个因素，不过作用可能不是最大的。

B 5分，这个是思考的一个重要方向。

C 0分，好好想想相同点，是不是说明管理方式可能不重要。

D 1分，销售薪酬体系是管理中的一个因素。

Day26 寻找导致销售下降的原因

| 选择题 |

1. A 5分，要牢记是多个原因，不是一个原因。

B 0分，这个想法模糊，没有实际落实的具体内容。

C 0分，了解原因思路正确，要了解多个原因。

D 0分，这只是单一原因。

2. A 0分，不是所有人都会对家长里短的话题有兴趣。

B 0分，也不是所有人都能够就天气情况滔滔不绝。

C 5分，这个话题是客户关心的，那么，就要强化对商业话题的训练。

D 0分，尽量不要讨论政治话题，即使客户讨论，也要尽量避开。

3. A 0分，这样培训不出来灵活的人际交往能力。

B 5分，长期坚持，定期培养训练才是正确的。

C 0分，集中大量练习不能将这种能力转变为一种本能。

D 0分，经验分享不容易模仿，客户也还会发生变化，所以还是要提炼规律。

Day27 针对性培训解决问题

| 选择题 |

1. A 0分，结果应该是再访比例提高，不过就算再访比例提高也是过程。

B 5分，非常具体细节的过程指标，一切结果都由过程决定。

C 0分，人的指标也是体现和落实在具体的过程中发挥作用的。

D 0分，将关注重点集中在具体的环节中，才能够彻底改善最终业绩。

2. A 0分，通过销售经理的摸索，好像应该是相同的错误。

B 5分，从共性入手解决整体问题。

C 5分，好像是对的，那些成功的销售经验需要提炼出来复制。

D 0分，成功的销售还真不太相同，要寻找闪光点。

3. A 0分，已经失败了，要研究共性。

B 0分，个体表现可以当作正常伤亡，要是很多伤亡就要研究共性了。

C 5分，这个答案对了，就是要研究共性才能够解决问题。

D 0分，没有必要研究失败的所有因素，应该找共性因素。

Day28 复制独特的成功经验

| 选择题 |

1. A −2分，这是训练话术的。

B 5分，这个就是话题的方式了。

C 0分，这也是话术模式。

D 5分，这个就是话题能力了。

2. A 0分，社会上那种能说会道不是专业的话题能力。

B 0分，流利自然仅仅是表达形式，话题是由内容构成的。

C 5分，这是话题的一个基本要求。

D 0分，聊两句的通常都没有持续能力。

3. A −2分，典型的话术套路。

B −2分，也是典型的话术。

C 5分，这个是话题建设。

D 5分，这个是话题内容。

Day29 站在整体的角度看问题

| 选择题 |

1. A 0分，理解能力的表现是对原文思想进行解释，不是扩展。

B 5分，扩展、补充，这都是灵活性的表现。

C 0分，看不出来记忆力好不好。

D 0分，能够扩展40%也不能说明心理能力良好。

2. A 0分，复盘不是为了提高记忆力。

B 0分，策略来源于对习惯的分析。

C 5分，复盘能够让人从整体出发，看到微观步骤的具体意图。

D 0分，在没有结束时，是无法从局部步骤中看出战略目的的，仅仅是局部战术。

3. A 0分，这不是策略，策略需要想到好几步的动作和行为。

B 5分，这属于策略，考虑到下一次能够用的资源。

C 0分，这也不是策略，仅仅两步回合。

D 0分，这个三步回合比较普通，没有具体的环节目的。

08 销售是一个线性的过程

Day30 线性销售过程的整体布局

| 选择题 |

1. A 0分，不是直接提高销售业绩的方法，应该是找到规律的思路。

B 5分，没错，就是找到规律的一个思路。

C 0分，没有涉及销售人员的策略，而是销售过程的策略。

D 0分，并没有提到影响客户采购，而是影响客户的态度和认识。

2. A 5分，涉及的营销环节没有明确的次序。

B 0分，营销是有工作内容的。

C 0分，营销也有明确的转换。

D 0分，也有很多数据。

3. A 5分，不训练技能就得不到提高，如同自行车是要骑才会的。

B 5分，没有具体的实践，什么都学不会。

C 0分，写再多笔记也是纸上谈兵，必须要落实。

D −3分，这不是好的方法。

第二篇　非线性营销，搭建企业的全营销体系

09 营销活动布局，不靠冲动靠科学

Day1 看上去很美的网络营销

| 选择题 |

1. A 0分，之前就没有预期。
   B 1分，模糊的预期是没有方向的航线。
   C 3分，盲目勇敢的前进模式。
   D 5分，缺乏对市场的科学认识。
2. A 0分，其实完全能够看出企业幼稚的做法。
   B 0分，我知道产品的用途。
   C 0分，目标客户都是市场中的特定大众。
   D 5分，企业对明摆的事情困惑，这一点让人不可理解。
3. A 3分，这在农业文明商品欠缺初期可行。
   B 0分，懂一点互联网的皮毛。
   C 5分，不懂商业规律，凭借盲目勇敢。
   D 0分，不懂市场科学。

Day2 建立瞄准器

| 选择题 |

1. A 0分，记住是心理活动排列在后期的阶段。
   B 0分，购买是要么肤浅容易、要么谨慎持重的后期行为。
   C 5分，人们面对新生事物，采购行为是最后的，参与性最强。
   D 0分，喜欢是好奇后形成的倾向，也有可能厌恶。
2. A 0分，如果希望引发喜欢，你打算发布什么消息?
   B 0分，尝试一下，什么信息能够促使人们记住?
   C 5分，"价格优惠"、"有限" 这类词汇都在促使人们不要考虑，赶紧购买。
   D 0分，引发好奇，不能用 "优惠" "产量有限" 等词汇。
3. A 0分，很多人通过看一些貌似成功的营销策划，是会形成这样的印象的。
   B 5分，心中建立科学的概念，能够在社会范畴内站住脚。
   C 0分，信心偏感性，不是理性的科学。
   D 0分，这是工业化早期的特点，工业化后期这个思路已经过时了。

Day3 分析线索

| 选择题 |

1. A 5分，这样采购者就需要花更多时间来咨询，有时为了节省时间，干脆交给信任的人，信任带来利润。
   B 0分，加大信息投放恰好是降低利润的必然趋势。
   C 0分，扩大销售渠道是提高销量的方法，降低利润的趋势。
   D 5分，没错，通过苹果专卖店能够看出这个趋势。
2. A 5分，偏丈夫，涉及电子说明。
   B 0分，该产品传播中大幅度降低技术要求，可能会转移到这个区域。
   C 3分，不完全是，要征求妻子意见。若妻子明确表示不用，就终止了丈夫的购买意愿。
   D 0分，大众产品，不太需要销售过程的顾问交流。

| 排序题 |

1. A 2，这是第二个容易推动销量的区域。
   B 1，用心想想马云在阿里巴巴美国上市后感慨 "感谢中国妇女" 这句话的意思。
   C 4，这是最缓慢的区域。
   D 3，该区通常都是高附加值产品，消费者不太容易明白产品，需要建立信任。

Day4 形成模块

| 选择题 |

1. A 0分，应该有这个可能，要在投放初期收集转化数据。
   B 5分，如果认同这个判断，那么整个信息传播环节就要围绕这个展开，并结合用脑第一篇，整理这个点的转化率。
   C 0分，这个也要收集数据，完善后期大规模市场操作的思路和方法。
   D 0分，这将是失败。说明市场不成熟，或者信息投放失误。

2. A 0分，商场人多，目标集中度小。

B 0分，体育场馆的人冲动掏钱的比率要监控。

C 5分，互联网思维。

D 0分，成本最高。

3. A 5分，应该以这个结论为传播的核心。

B 5分，这也是一个焦点，要设计男性回家后告知妻子时的说辞，场景演示的内容。

C 0分，这个区域会延迟决策，与这个产品的市场进入规划不符。

D 0分，这也不是应该在早期就有的营销想法。

Day5 从四个需关注的细节入手

| 排序题 |

1. A 4 B 3 C 1 D 2
2. A 4 B 3 C 2 D 1

| 选择题 |

1. A 0分，请重新熟悉一下销售展示的细节。

B 5分，周围的人也是一种影响因素。

C 0分，造成从众效应的是人，而不是传播的媒体信息。

D 0分，通常都是一线销售人员主导的活动内容。

Day6 提升一线销售人员的销售技能

| 选择题 |

1. A 0分，考核销量不是科学的态度，是对市场发展过程缺乏阶段性认识的表现。

B 5分，营销传播的核心目的就是吸引足够的人到场。拿下订单是销售环节的事情。

C 0分，这属于售后服务部门的事情。

D 0分，这是企业财务部门的工作指标。

2. A 5分，不能用绝对销量来衡量，而应用接待的客户中下单的比例来衡量。

B 0分，这是考核营销互动有效性的指标。

C 0分，这属于售后服务部门的工作目标。

D 0分，财务部通常会考虑投入产出的比例。

3. A 0分，是否退货和退货数量能够衡量产品质检部门的工作。

B 0分，产品使用频率可以用来考核产品设计部门的工作。

C 0分，这是考核营销部门传播水平的指标。

D 5分，这就是考核售后工作效果的指标。

10 重新定义 4P

Day7 你的营销要适合你的产品

| 选择题 |

1. A 5分，必须要考虑市场容量，也许你应该退出眼前的生意了。

B 0分，这不是科学的态度。

C 0分，不要被这样的誓言、狠话诱惑。

D 0分，依靠科学就应该知道：也许就不该继续营销了。

2. A 0分，家具属于耐用品，对快销品有效的方法没用。

B 0分，这是服务领域，不能依靠快销品的方法。

C 5分，毛巾、浴巾属于快销品，方法奏效。

D 0分，手机、照相机属于耐用品，不能采用快销品思路。

| 排序题 |

1. A 2 B 1 C 4 D 3

Day8 全新产品定价

| 排序题 |

1. A 4 B 3 C 2 D 1

| 选择题 |

1. A 0分，这是省事的法子，却无法赢得良好口碑。

B 0分，这样就太简单了，起不到引导客户的作用。

C 5分，这才是正确的思路，从而可以引导客户想得更高一点。

D 0分，面对多种可能的变化，不能说永远不错的话，否则等于没说。

2. A 0分，利润模式无法抵抗竞争，一旦有利润，竞争会渐渐打消掉可能的利润。

B 0分，竞争模式会短期内压垮企业，没有利润的话，企业难以生存。

C 5分，这是最长远、长久的定价模式。

D 0分，这等于没有做决策，属于回避，容易投机。

Day9 替代产品定价

| 选择题 |

1. A 0分，没有使用过苹果产品的用户可能会这么想。

   B 5分，这是多数对这款手表有兴趣的用户思考的范围。

   C 0分，完全不了解智能设备的用户可能会这么想。

   D 0分，正确说法是，完全没有购买意愿的人就不会有心思想这个事情。

2. A 5分，苹果市场营销部确实就是这个策略，看看推出前的一系列营销活动、代言人、参与的活动等。

   B 0分，实际上市场部并不希望是这个结果。

   C 0分，更不希望是这个结果，不过，这类用户不考虑。

   D 0分，针对高端人群的产品，实际上可以传播这个理念。

3. A 0分，实际情况就是这个销量不是最好的。

   B 0分，这个配置的销量是最低的。

   C 5分，这个配置的销量就是最高的，你能够解释原因吗?

   D 0分，在中国这个配置销量第二。

Day10 信息促销取代线下促销

| 选择题 |

1. A 5分，汽车的购买者都是第一次去车行看，然后再去几个不同的地方进行比较，最后采购。

   B 0分，你认识买一只牙膏要到超市去看几次然后才买的人吗?

   C 0分，你认识到一家餐厅看三五次后才决定在这家吃的人吗?

   D 0分，这个有可能，不过通常都是推荐，然后一次敲定，不会多去几次的。

2. A 0分，若对汽车有兴趣就行动了，先到车行去看。

   B 5分，这个就是到超市后，已经决定购买了，之前的信息灌输非常重要。

   C 0分，这也是需要提前灌输的，不过并不普遍。

   D 0分，这个不靠提前灌输，通常都是转介绍。

| 排序题 |

1. A 5，“不收礼”是否定性的，礼本来是价值，“不收价值”即是消极的价值。

   B 2，自己喜欢的，出发点是自己，自己喜欢的才是自我价值。

   C 1，钻石、恒久，都是高价值的联想。

   D 6，明显的价格导向。

   E 4，价值点不清，也许有撞车的可能。

   F 3，为发烧而生，隐含了一部分人的需求，生为此而来，也是生命价值。

Day11 侧重点不同，效果不同

| 选择题 |

1. A 0分，客户还是需要通过线下接触到实体产品的。

   B 5分，客户最终还是以实体产品的好坏为标准。

   C 0分，线下是最终接触点，是核心，线上是辅助。

   D 5分，线上线下不是平等的，而是以线下为基础。

2. A 0分，感性信息用于冲动采购，不能用于持久效应。

   B 0分，理性信息有效期长。

   C 0分，这种信息交融适用于以首次购买为主的促销。

   D 5分，这就是以重复采购为主的品牌信息建设与规划。

| 排序题 |

1. A 4 B 1 C 3 D 2

Day12 物流取代渠道

| 选择题 |

1. A 5分，这是正确的，确实没有看到。

   B 5分，这也是正确的，确实看到的是图片。

   C 0分，客户实际还是买衣服。

   D 0分，仅仅拿到图片是要投诉商家的。

2. A 5分，企业节省了库房的成本，转嫁压力。

   B 5分，企业又能够收回一点资本，卖给经销商就可以了。

   C 0分，现实生活中很少有这种高风亮节的商人。

Ⓓ 0分，这些说法实际上都是幌子，掩盖自己收回成本的动机。

3. Ⓐ 5分，没错，没有买卖就是休闲。

Ⓑ 5分，买卖功能下降，就是游乐功能了。

Ⓒ 5分，这也是正确的预测。

Ⓓ 0分，以买卖为核心的传统商场超市没有多少存在时间了。

11 互联时代的4C

Day13 后悔是一种病

| 排序题 |

1. Ⓐ 2 Ⓑ 4 Ⓒ 3 Ⓓ 1
2. Ⓐ 3。

Ⓑ 1，体验是最珍贵的，了解自己喝水情况也是不错的，都是已经得到了价值。

Ⓒ 2，对比收入，这是缩小损失的感觉。

Ⓓ 4，藏起来，这是最差的自欺欺人的感觉。

| 选择题 |

1. Ⓐ 0分，以后再也不能出去旅游了，都是骗子。这才是对产品后悔。

Ⓑ 5分，不该报这个旅行社的团，就是对供应商后悔。

Ⓒ 0分，对价格是满意的，对供应商不满。这是最肤浅的感受。

Ⓓ 0分，还是要训练自己做出判断，不能用“都有可能”来应付变化多端的世界。

Day14 客户后悔，产品下线

| 选择题 |

1. Ⓐ 0分，设想一下，如果满意，会说什么。

Ⓑ 5分，这应该是一般的态度了，通常满意的人会留下。

Ⓒ 0分，有一点消极的感觉。

Ⓓ 0分，还没有出现后悔，如果儿子的同学退回来，就该后悔了。

2. Ⓐ 5分，通常来说产品的价格也不高，购买时也没有慎重选择。

Ⓑ 0分，也有这个可能，应该算大众对付性产品。

Ⓒ 0分，客户的这个评价，翻身的机会不大。

Ⓓ 0分，通常这种情况，满意客户比例较小。

| 排序题 |

1. Ⓐ 2 Ⓑ 3 Ⓒ 4 Ⓓ 1

Day15 客户的心思

| 选择题 |

1. Ⓐ 0分，可见，一个社会科学不是学者研究的。

Ⓑ 5分，社会科学是市场推动的。

Ⓒ 0分，也不是专家有意创想出来的。

Ⓓ 5分，确实是企业应对变化出现时的一门理论指导学科。

2. Ⓐ 0分，频繁购买快速消费品的人。

Ⓑ 5分，沙发属于耐用消费品。

Ⓒ 0分，理发就是顾客。

Ⓓ 0分，都是有钱人。

3. Ⓐ 0分，价格敏感性会有，但不会更加在意。

Ⓑ 0分，频繁采购都那么慎重，谁受得了。

Ⓒ 5分，购买惯性就是懒得费心，上次用着还不错，下意识就买。

Ⓓ 0分，只有耐用品才在乎售后服务，比如海尔冰箱。

Day16 中产阶级的需求

| 选择题 |

1. Ⓐ 5分，这是核心要素。

Ⓑ 0分，这是额外的因素。

Ⓒ 0分，这是附加因素。

Ⓓ 0分，这是额外的附加因素。

2. Ⓐ 0分，产品雷同让客户难以选择，才会用低价当作选择标准。

Ⓑ 5分，产品雷同后，所有额外因素都变成这类产品的核心要素了。

Ⓒ 5分，客户难以确认哪个功能是自己需要的，哪个是有需求的。

Ⓓ 0分，这时，反而全面功能的产品竞争力弱。

| 排序题 |

1. Ⓐ 1 Ⓑ 4 Ⓒ 2 Ⓓ 3

Day17 土豪与奢侈品

| 选择题 |

1. Ⓐ 0分，如果不能给别人看到，就没有必要招摇地购买，这明显不是一种需要。

B 0分，需求是重视产品的特殊功能。

C 5分，往往都是在车展上高调做秀，典型的欲望表现。

D 0分，虚荣本身属于精神层面，从属于欲望。

2. A 0分，生产研发更多的是用来满足需求的产品。

B 0分，销售通路是推动需要类的产品。

C 0分，强调生产环节的效率就是制造需要类产品。

D 5分，这才是改变客户认识的花钱方式。

| 排序题 |

1. A 3 B 2 C 4 D 1

12 STP 营销理论的进化

Day18 找到自己产品适合的客户

| 选择题 |

1. A 5分，刚推出的儿童牙膏，就算企业为它定一个较高的价格，父母也能够接受。

B 0分，全新独特的产品，只有在遭遇竞争时才考虑使用价格手段进行防御。

C 0分，营销方面的定价决策不能含糊不清。

D 0分，不用考虑生产能力。

2. A 0分，不能依靠销售人员的这种灵活。

B 5分，客户心中有自我独特的倾向。

C 5分，客户也愿意自己主动区隔开来。

D 5分，客户愿意成长。

| 排序题 |

1. A 2，愿意表达对产品的认识，基于有认识的能力。

B 3，问问题，说明还不是懂行的客户，也算中级。

C 1，这些客户为了节省时间，会选择再次购买，而不是被其他低价产品吸引走。

D 4，这基本上就不算中级客户，而是初级客户。

Day19 能做出购买决策的人才是目标

| 选择题 |

1. A 0分，来询问的都是意向客户，有可能是使用者。

B 5分，一个家庭的决策人多数是收入较高的那个人。

C 0，老人不应该是企业销售的目标。

D 0，孩子更没有决策权。

2. A 0，初级客户不太担心购买失误，毕竟是便宜的东西。

B 5，中级客户才会面对不同功能而需要周全的考量。

C 0，高级客户比较能够果断地做出决策。

D 0，不能回避自我判断。

| 排序题 |

1. A 3 B 4 C 2 D 1

Day20 头脑战场，抢占客户头脑中的位置

| 选择题 |

1. A 0分，不是用包装和高价来显示高端的。

B 5分，只有这个是瞄准头脑印象展开的。

C 0分，送礼不是积极良好的印象。

D 0分，性价比从来都不能当作定位策略，容易转移。

2. A 0分，销量高其实是渠道广的结果。

B 0分，售价高要看当地经济发展水平。

C 5分，没错，定位稳定后，可以较长时间节省广告费。

D 0分，企业任何一笔投入都要有针对性回报解释。

3. A 5分，外延是对原文意思的进一步展开，去做吧，做得更加持久，就是延续做。

B 0分，这是对原文意思的深入要求，做好，这是对做提出了要求。

C 0分，这也是对“做”提出了更加专心的要求，而持久才是延续“做”本身的含义。

D 0分，这又加一个做要为一个目标，就不是“做”吧的意思了。

Day21 11 个术语，11 种手段

| 选择题 |

1. A 0分，明确产品是在生产前的动作。

B 5分，这是在不断传递产品定位，外包装上都有这行字。

C 0分，这与价格没有关系。

D 0分，这不是细分，而是老少咸宜。

2. A 0分，这里没有提到价格。

B 0分，这也不是提升品牌。

C 0分，没有细分，希望所有人都购买。

D 5分，这是目标客户的手段，希望通过时尚人士吸引更多的人决定购买。

3. A 0分，罐子里不论是什么，只要外包装是可口可乐，就都是激情四射。

B 0分，这也不是促销手段。

C 5分，这仍然是定位手段，不断建立大脑的联想和认识，以及记忆。

D 0分，可口可乐不为细分，所有人都会喝。

13 产品营销三段论

Day22 三段论，不同阶段不同周期

| 选择题 |

1. A 0分，手机这个产品还存在，而且全球销量很高。

B 5分，没错，这就是品牌周期过去了。

C 0分，手机这个用途仍然存在。

D 0分，人们对手机这个产品的认知还在，包括品牌认知。

2. A 0分，手机还在。

B 0分，这个产品的名声还在。

C 0分，手机功能还是需要的。

D 5分，没错，认识、知道的人在大幅度减少。

3. A 5分，没错，这就是整个产品周期过去了，无论当年多么知名的品牌。

B 0分，产品过期，一切就都结束了。

C 0分，产品过期，一切就都结束了。

D 0分，产品过期，一切就都结束了。

Day23 形成、成长、成熟、衰退

| 选择题 |

1. A 5分，首先是在功能上固守自己的硬件和软件，然后被其他品牌从硬件、软件上进行彻底的颠覆，导致功能落伍后，开始走向衰退。

B 0分，手机这个产品仍然还在。

C 0分，功能周期渐渐进入衰退期后，品牌识别就难以建立良好认知了。

D 5分，接着就导致人们脑海中形成诺基亚品牌终结的感觉，也就是认知周期同时进入了衰退期。

| 排序题 |

1. A 3 B 2 C 4 D 1
2. A 1 B 3 C 2 D 4

Day24 以时间为间隔的规律现象

| 排序题 |

1. A 3 B 1 C 2 D 4
2. A 4 B 3 C 1 D 2
3. A 3 B 2 C 1 D 5 E 4

Day25 周期背后深入的规律

| 选择题 |

1. A 0分，决策都是长远的目标，而不是短期具体任务。

B 0分，这是短期性质的目的。

C 0分，这个与企业长久发展关系不大。

D 5分，掌握周期的核心目的就是战略发展。

2. A 0分，延长品牌周期不能突出强调价格。

B 0分，这是抗衡功能周期结束用的。

C 5分，这才是抗衡品牌衰减的方向。

D 0分，这是企业内部的宣传，不在品牌周期考虑范围内。

3. A 0分，专利保护不是巧妙运用规律的思路。

B 5分，提前布局是关键，是企业中长期生存的法宝。

C 0分，灵活不能解决长久经营的问题。

D 0分，企业文化不能确保长久不变。

Day26 网络的发展对周期的影响

| 选择题 |

1. A 0分，时尚行业必然反映了所有行业的本质。

B 0分，传统行业以前不是这样。

C 5分，信息海量干扰了人们的认知。

D 0分，信息获得的规律对品牌不能形成最直接的影响。

| 排序题 |

1. A 1 B 2 C 4 D 3
2. A 1 B 2 C 4 D 3

14 互联时代的全营销体系

Day27 互联时代营销对策

| 选择题 |

1. Ⓐ 0分，要求实际上高于转型。
   Ⓑ 5分，这才是根本上应该考虑的。
   Ⓒ 0分，不一定非要投入互联网行业。
   Ⓓ 0分，也许可以吧。
2. Ⓐ 0分，尝试去一些没有互联网的地方。
   Ⓑ 5分，看看互联网成熟的地方。
   Ⓒ 0分，看看农村家庭的想法。
   Ⓓ 5分，看看城市里回来的人的想法。

| 排序题 |

1. Ⓐ 2 Ⓑ 1 Ⓒ 3 Ⓓ 4

Day28 真正有影响的三类信息

| 选择题 |

1. Ⓐ 5分，孩子是血缘关系，属于个人情况。
   Ⓑ 0分，不是将来发展，而是现状。
   Ⓒ 0分，这里说的周围人指同事、同学、朋友等。
   Ⓓ 0分，不能用“都有可能”来回避思考。
2. Ⓐ 0分，这句话没有悬念成分。
   Ⓑ 0分，这句话没有建立好感的用词。
   Ⓒ 5分，采取行动就是了，或者至少设身处地地想一下。
   Ⓓ 0分，通常不需要记住。
3. Ⓐ 0分，没有悬念的用词。
   Ⓑ 5分，喜欢就是好感的基础词汇。
   Ⓒ 0分，没有创造拥有感。
   Ⓓ 0分，这是依靠多次重复的。

Day29 无形商品的营销

| 选择题 |

1. Ⓐ 0分，自己的改变不是读书会原始的信息。
   Ⓑ 0分，给朋友介绍自己的变化也不是外显自己的变化，而是一种劝说。
   Ⓒ 0分，对方不是该读书会的学员，这个交流不是互动。
   Ⓓ 5分，仅仅是淳朴善良，有好东西要分享的原始行为。
2. Ⓐ 0分，不是重点披露该读书会的内容，而是自己的变化。
   Ⓑ 5分，外显化个人的变化。
   Ⓒ 0分，如果朋友圈都是该读书会成员才是信息互动。
   Ⓓ 0分，这种分享其实是有意识地传播向上的力量。

| 排序题 |

1. Ⓐ 3 Ⓑ 1 Ⓒ 2 Ⓓ 4

Day30 人人都是影响者，人人都是被影响者

| 排序题 |

1. Ⓐ 3 Ⓑ 4 Ⓒ 2 Ⓓ 1
2. Ⓐ 3 Ⓑ 4 Ⓒ 1 Ⓓ 2
3. Ⓐ 2 Ⓑ 1 Ⓒ 3 Ⓓ 4

第三篇　用脑拿订单，销售中的全脑博弈

15 理性与感性

Day1 理性，形成理性思考模式的四个阶段

| 选择题 |

1. Ⓐ 0分，依靠摸索、尝试，然后不断改变做法，找到理想的模式。
   Ⓑ 0分，用类似情况思考没有体验过的处境。
   Ⓒ 0分，收集大量的类似事件，找到常态结果。
   Ⓓ 5分，这个是运用已知规律到未知事件上。
2. Ⓐ 0分，实验方式就是能够找去过另一个世界的人了解一下，是不是收到钱了。
   Ⓑ 5分，这个是典型的类比，我的处境如此，你到那里也是一样。
   Ⓒ 0分，没有机会收集类似案例。
   Ⓓ 0分，也没有之前验证过的规律可以用来实践。
3. Ⓐ 5分，华盛顿是使用实验的方式，严密测试后，大规模采用。
   Ⓑ 0分，之前没有出现过类似情况。
   Ⓒ 0分，没有类似的情况可以用来得出一个

确定的结论。

Ⓓ 0分，当时华盛顿并没有形成这个做法的任何严密理论依据。

Day2 感性，趋利与避害两大本能

| 排序题 |

1. Ⓐ 1 Ⓑ 4 Ⓒ 3 Ⓓ 2
2. Ⓐ 3 Ⓑ 4 Ⓒ 1 Ⓓ 2

| 选择题 |

1. Ⓐ 0分，无论中国还是外国，一身名牌，几乎可以判断为感性。

   Ⓑ 5分，这是理性行为的标志，要继续收集信息。

   Ⓒ 0分，这是典型的感性行为标志。

   Ⓓ 5分，这是理性行为的表现，继续收集其他信息。

Day3 理性与感性相结合

| 选择题 |

1. Ⓐ 0分，你提问说明你理性，而不能说明对方理性。

   Ⓑ 5分，没错，如果一个人提出的问题多，能够看出对方考虑的因素。

   Ⓒ 0分，评论容易陷入结论中，而且人容易陷入为自己结论辩护的情绪中。

   Ⓓ 0分，仅仅看行为不能判断理性还是感性。
2. Ⓐ 0分，提出问题数可以评估，不过最佳策略应该是研究对方考虑因素的分类。

   Ⓑ 5分，没错，如果对方也能够意识到自己考虑因素有不同的类别，理性级别。

   Ⓒ 0分，自己能够回答问题，不能测试出对方的理性程度。

   Ⓓ 0分，这能够测试出自己思考问题的线索较多。
3. Ⓐ 0分，增加以知道为目的的阅读量，对思考的提升没有具体的帮助。

   Ⓑ 0分，增加交流时间，可能会促进感性的程度。

   Ⓒ 5分，就一本书问出系列的、关联的问题才是理性提升。

   Ⓓ 0分，尝试回答有时不重要，即使眼前回答不了的问题，持续思考才是关键。

16 习惯与意识

Day4 习惯，下意识表现出的行为

| 排序题 |

1. Ⓐ 4 Ⓑ 3 Ⓒ 2 Ⓓ 1
2. Ⓐ 4 Ⓑ 1 Ⓒ 2 Ⓓ 3

| 选择题 |

1. Ⓐ 5分，挫败感会让人放弃自己，反正克服不了，再多一些坏习惯也无所谓了。

   Ⓑ 5分，这句话是对的，也会加剧人的挫败感。

   Ⓒ 0分，这个思维不对，属于自我缓解。

   Ⓓ 0分，这也是借口，纵容自己的一种方式。

Day5 意识，习惯在思维方式上的表现

| 选择题 |

1. Ⓐ 0分，没有意识的人，遭遇过挫折后就会经常犹豫不决，瞻前顾后。

   Ⓑ 0分，感性的人更加坚信自己随机应变的能力。

   Ⓒ 5分，对于眼前的事情，我非常明确自己的目的，并同时快速检索出三个选项，评估后落实一个。

   Ⓓ 0分，没有明确的目的，没有总结，没有意识，就会陷入这类对自我生活不满的状态。
2. Ⓐ 0分，这个选项是一个可能性。

   Ⓑ 0分，感性的人也有孩子。

   Ⓒ 0分，时间并不是依靠挤压睡眠时间来的。

   Ⓓ 5分，正确决策比率高，当然能够顺利占有更多的资源。

| 排序题 |

1. Ⓐ 4，这是最基础的想法。

   Ⓑ 2，这确实算有准备的行为，但不是最高明的。

   Ⓒ 1，能够事先预录证词，调用了广泛的资源。

   Ⓓ 3，仅仅依靠金钱物质，没有考虑再后一步。

Day6 培养习惯，控制意识

| 排序题 |

1. Ⓐ 3，这个稍微浅了一点。

   Ⓑ 4，这个认识太模糊，目的鲜明，容易衡量。

   Ⓒ 2，这是他自己说出来的，还有更厉害的。

   Ⓓ 1，这才是最近的核心目的，有意识就是有谋略。

2. A 2，开始控制自己想眼前目的，还不是首先应该做的。
B 1，消灭坏习惯最直接。
C 3，有了直接的意识后才能够发现适应自己的好习惯。
D 4，你确定将这个排列在前面？
3. A 4，这类人恐怕已习惯了身体上的疲劳。
B 2，精神是让自己振奋，坚信能够实现目标，这不是最贴近的原因。
C 3，心理疲劳是性格改变的一种感觉，还不是第一位的原因。
D 1，本质上，智力疲劳是很多人不愿思考的客观实体原因。

17 左脑与右脑

Day7 左脑，逻辑思维的运用

| 排序题 |

1. A 3，好看，不是来自左脑的目的性意识。
B 1，目的非常具体，看到的衣服有具体用途。
C 4，降价不是来自左脑评估系统。
D 2，目的有关联，没有功效目的，不是第一位。
2. A 1，日记最早锻炼的就是观察能力，通过观察，能够看懂事件的发展。
B 2，有效性不是第一位出现的，需要建立思考能力，通常 200 天日记后开始出现。
C 3，低能耗需要更长一点的时间，需要经常比较并回顾日记的内容。
D 4，执行力不是左脑活动，而是右脑指挥的活动。
3. A 3，这句话至少还有因果形式。
B 2，把万一的事情当作做事的理由，不够理性。
C 1，这种不说理的句式是典型的非理性。
D 4，至少有目的性，具体的目的。

Day8 右脑，直觉思维的运用

| 选择题 |

1. A 5分，这其实就是自卑的表现。
B 0分，这种人有很好的基础发展左脑。
C 0分，偏弱有可能心理发育不健全，不算合格的健全的人。
D 0分，这种人已经连自我愿望都无法表达了。

| 排序题 |

1. A 3，发微博确实也是右脑活动，不是最强烈的。
B 4，道歉算是初级的左脑行为。
C 2，直接对抗和冲突，也是随性而为。
D 1，直接伤害对方肉体完全是右脑控制的结果。
2. A 3，通常都能够控制，上班过程中发生的事情多数是预知情况。
B 1，时间越近，影响越大，越容易陷入即时反应。
C 4，裁员还有一段时间，因此会筹划对策，不会慌乱。
D 2，没有食品，还有时间筹备，会过一遍脑子。

Day9 全脑智慧，全脑销售

| 选择题 |

1. A 0分，如果下降，说明左脑活动并不强。
B 0分，右脑水平不会下降，而是被抑制。
C 0分，左脑人本来就可以自由表现创作给对方的任何印象。
D 5分，没错，经常交往能够学到遇事想一想是第一位的。
2. A 0分，真正的左脑人，不用与右脑人交往就能理解。
B 5分，这是真正有影响的开始。
C 0分，左脑人本身就具备右脑的考虑方式。
D 5分，对，右脑能够渐渐理解。
3. A 0分，爱心不一定用捐款来表现。
B 5分，追问目的能否达到，再决定行为。
C 0分，号召力的目的是什么呢？
D 0分，表达自己的爱心不问结果，就是右脑情况。

18 信息的摄入与输出

Day10 信息输入，接受来自外界的信息

| 选择题 |

1. A 0分，人在成长过程中，只要醒着就在获取信息，已经非常广泛了。
B 5分，加工过程的水平能够影响人的理解、表现，以及发展方向。

Ⓒ 0分，输出条件不同会影响效果，这个环节的质量取决于加工结果。

Ⓓ 0分，实际上效果本身也是信息，分析也是一种加工。

2. Ⓐ 0分，都是个人范围的短时长的信息，属于水流的类型。

Ⓑ 0分，仍然是近期事件信息，不能用于提高竞争力。

Ⓒ 5分，这才是能够提升竞争力的信息源，需要筛选。

Ⓓ 0分，身边人交流的信息都是具体身体物质类。

3. Ⓐ 0分，学校信息源自书本，有利于建设基础知识框架。

Ⓑ 5分，长久的思想来自书本，需要懂得筛选，懂得读书的方法。

Ⓒ 0分，媒体信息都是短暂的，随时会变化。

Ⓓ 0分，从家人处得到的信息很大的比例都不是精神方面的。

Day11 信息输出，调用对方的信息接受系统

| 排序题 |

1. Ⓐ 1，眼睛看到的印象最深。

Ⓑ 3，听觉收到的信息比较嘈杂。

Ⓒ 2，触觉印象超过听觉。

Ⓓ 5，嗅觉是人类获取信息最模糊的一种。

Ⓔ 4，味觉好过嗅觉，通过舌头感受信息。

2. Ⓐ 1，耳听为虚。

Ⓑ 2，眼见为实，但见到的不是实体。

Ⓒ 3，实际印刷出来了。

Ⓓ 4，不但印刷出来了，还有不同的出处。

| 选择题 |

1. Ⓐ 0分，当然可以，但那是短期的。

Ⓑ 5分，这才是信息输出的真正意义。

Ⓒ 0分，这个意义太泛，已经是世界的信息平衡问题了。

Ⓓ 0分，这个很具体，实际上还是通过。

Day12 输入与输出，研究别人的输入，强化自己的加工

| 排序题 |

1. Ⓐ 2，虽然思考题需要输出更多信息，但加工过程不能确保复杂性。

Ⓑ 1，排序题是四个问题之间的比较，最复杂。

Ⓒ 3，选择题的加工过程并不是最复杂的。

Ⓓ 4，平常读书多数都是这样的情况，仅仅在输入信息。

2. Ⓐ 4，你觉得推荐你看电影需要进行深度加工吗？

Ⓑ 3，三个方面是一种意识，能够带动加工水平的提高。

Ⓒ 2，结合阅读水平，加工水平深入了。

Ⓓ 1，能够指出阅读目的，说明经过了深度加工。

3. Ⓐ 1，愿意听你的人多起来先发生。

Ⓑ 4，最终你开始提高自己输入的数量。

Ⓒ 2，你开始琢磨自己的输出方式为第二。

Ⓓ 3，等你有孤独感觉后，你已经完成两步了。

19 内涵与外延

Day13 内涵，深入挖掘内在的含义

| 排序题 |

1. Ⓐ 2，看不到价值，可能源于没有能力。

Ⓑ 1，没有能力是非常本质的内涵。

Ⓒ 4，缺钱的人常说的话是：钱不是问题。

Ⓓ 3，习惯思维确实不知不觉地影响人的行为。

2. Ⓐ 3，长期的关系性质不是最深入的理解。

Ⓑ 2，父母眼里孩子不变是常见的，还不是最本质的。

Ⓒ 1，自己看法固定才是最深入的本质。

Ⓓ 4，这个是推脱的想法，不是深入的本质。

3. Ⓐ 3，以前没有站起来过，但往深了想，想过要站吗？

Ⓑ 4，想到了历史上是站起来过的，尽管这个想法深入，但没有涉及人的心理。

Ⓒ 2，站，其实不是愿望本身，而是愿望的后续结果。

Ⓓ 1，站起来是比喻，反映了心理状态，与愿望有关，确实是最深入的内涵。

Day14 外延，扩展你的思维视野

| 选择题 |

1. Ⓐ 0分，内涵需要创作人员思考，通常大众看不到。

Ⓑ 5分，外延才是广泛的影响。

Ⓒ 0分，外延比较突出地重要。

Ⓓ 0分，传播能够成功基于有好的外延。

2. Ⓐ 0分，知识积累并不自动成为内涵。

Ⓑ 0分，经历丰富的人很多，也不是必然有内涵。

Ⓒ 5分，思考的习惯确实能够让人酿造出深厚的内涵。

Ⓓ 0分，认识的人多，可能都是肤浅的表层关系。

| 排序题 |

1. Ⓐ 2，趋势就是越来越难了，误解会越来越多的。

Ⓑ 4，出于最难沟通的判断不会引发越来越容易的关系。

Ⓒ 3，从父母角度减少并不是常见的逻辑发展。

Ⓓ 1，主动减少，或者消极应付见面，说话人已经表现出这个行为外延了。

Day15 内涵与外延，过去与未来的交汇

| 排序题 |

1. Ⓐ 1，请思考，实际的内涵是什么?

Ⓑ 2，如果解释销量快的原因合理，就会下单了。

Ⓒ 3，继续询问打折，这个可能性有，但不高。

Ⓓ 4，离开的几率更小。

2. Ⓐ 4，他要是觉得你能力强，就不会问哪个朋友介绍你进去的。

Ⓑ 1，心中并没有觉得你能够凭能力进去。

Ⓒ 2，也会想到自己。

Ⓓ 3，语言中流露出了羡慕的可能。

3. Ⓐ 2，自认没有成长空间不是排第一位的。

Ⓑ 1，这是最基本的认识，可能性最高。

Ⓒ 4，也有试探的可能，不过不是第一位。

Ⓓ 3，有这个可能性，在自我认识没有空间后会有这个想法。

20 清晰与模糊

Day16 清晰，思路清楚才能表达准确

| 选择题 |

1. Ⓐ 0分，这是趋利，而不是预防哪天没有米吃。

Ⓑ 0分，这也是趋利，并不是担忧孩子能力不足。

Ⓒ 5分，这是避害，担心孩子失控。

Ⓓ 0分，这是趋利，趁低吸纳。

2. Ⓐ 0分，“任何”不是清晰的说明。

Ⓑ 0分，表面上界定清楚了，实际还是不清晰。

Ⓒ 5分，有时间，有动作界定。

Ⓓ 0分，长到多大？哪个孩子？谁的孩子？

| 排序题 |

1. Ⓐ 4，含义仅仅是人表现出来的疑问。

Ⓑ 1，内心担忧才是能够把梦境说出来的原因。

Ⓒ 2，自己眼前的处境能够引发自己的担忧。

Ⓓ 3，未来憧憬是趋利，排在避害后面。

Day17 模糊，莫用猜测对待好奇

| 选择题 |

1. Ⓐ 5分，不知不觉就是这个结果。

Ⓑ 5分，形成群体的力量，选择一个什么样的氛围。

Ⓒ 5分，没错，一次错误澄清一个理解，多次错误才能够完成任务。

Ⓓ 0分，不是成功，而是人际平庸而已。

2. Ⓐ 0分，普通协作者按照自己的理解执行，理解错误导致了与预期不符的结果。

Ⓑ 5分，职位高的人可以根据自己接收的指令进行解释。

Ⓒ 0分，技术专才仅仅是最终具体任务的执行者。

Ⓓ 0分，具体操作的人也是行为的落实者。

3. Ⓐ 0分，普通协作者意图理解正确了，却得不到认定的奖励。

Ⓑ 0分，好处都容易被职位较高的人得到。

Ⓒ 0分，技术专才类似机器、工具之类的地位。

Ⓓ 5分，具体操作的人不会得到任何承认和肯定，同时也是意图理解错误的牺牲品。

Day18 在清晰与模糊间摇摆

| 排序题 |

1. Ⓐ 4，直接推荐并不是清晰的思路。

Ⓑ 1，了解对方读过什么书是提供建议的第一步，而且直接紧扣对方问话的内容。

Ⓒ 3，“阅读能力”本身是一个比较模糊的词

汇，对方会更加糊涂。

Ⓓ 2，了解职位也是比较清晰的一种思路。

| 选择题 |

1. Ⓐ 0分，思路清晰的人就算着急，也不会表现出来的。

   Ⓑ 5分，思路模糊的人会选择放弃，他们着急，为什么总是理解不对。

   Ⓒ 0分，着急与否与职位关系不大。

   Ⓓ 0分，职位不会影响到一个人的思路清晰还是模糊。

2. Ⓐ 0分，其实，问句中“前景”就是一个代词，时间段指向不清。

   Ⓑ 5分，问句核心就是分支化，属于没有抓住句子的核心。

   Ⓒ 0分，好奇心不是这么表示的。

   Ⓓ 0分，这不是本位思路，而是完全没有理解原句核心意思。

21 线性与非线性

Day19 线性，事物按流程、步骤发展

| 选择题 |

1. Ⓐ 0分，没有线性思想，没有掌控意识，不会为目的设计通路。

   Ⓑ 5分，至少值得尝试，这是最基础的线性意识。

   Ⓒ 0分，这也是被动的意识，彻底停留在认命这个阶段了。

   Ⓓ 0分，这种灌输只会让人放弃思想，放弃主动掌控周围变化的世界，属于奴隶养成体系。

| 排序题 |

1. Ⓐ 4，气候变化，这个跳跃太大了。

   Ⓑ 2，考虑到受凉，有相关性。

   Ⓒ 1，两个小时，这是时间线索上最清晰的线性。

   Ⓓ 3，归结到八字不合，有些离谱，不过有具体可循的确定数字，好过将原因归结为天气。

2. Ⓐ 3，固化习惯形成的时间长，近期时间不是可靠的线性因素判断方向。

   Ⓑ 2，追问平常相处时长比仅仅追问陪伴学习线性，但是不如关注两岁时表现更线性。

   Ⓒ 1，这是很清晰的线性思路，锁定在两岁时的互动表现。

   Ⓓ 4，这彻底脱离线性意识了，已经脱离了原问题，“长大后就不哭”，这是安慰，消极的等待意识。

Day20 非线性，需要更多的时间提炼规律

| 选择题 |

1. Ⓐ 0分，这是尝试打折为一个因素，属于猜测。

   Ⓑ 5分，这才是为彻底解决问题而做的具体努力。

   Ⓒ 0分，很多企业都是这么做的，但其实是无序的解决方式。

   Ⓓ 0分，这也是尝试一个影响因素而已。

2. Ⓐ 5分，典型的线性思路，发明家几乎都是依靠线性思维提出问题的解决方案。

   Ⓑ 0分，这不是非线性的，而是一一筛选，不放过一个可疑的对象。

   Ⓒ 0分，非常清晰，单一的线性，而不是混合。

   Ⓓ 0分，人文情怀实际上就是一种糊涂但又想表示自己都懂的体面说法。

3. Ⓐ 0分，这个解释就是承认存在不可知的因素。

   Ⓑ 0分，这个解释看起来合理，实际上没有准确地指出真正有效的因素。

   Ⓒ 5分，这才是坚定地相信一切万物皆线性的思路。

   Ⓓ 0分，这样做的结果，可能会启发出灵光乍现都能够找到路径的结果。

Day21 模块结构，解决非线性问题的方法

| 选择题 |

1. Ⓐ 0分，是摆脱非线性的思路。

   Ⓑ 5分，其实就是组合为模块后，将模块线性化。

   Ⓒ 0分，并没有所谓的全新思维方式，就是两种。

   Ⓓ 0分，从目的出发本身就是线性的。

2. Ⓐ 5分，模块的核心基础就是分类的能力，随意可以对任何事物进行分类。

   Ⓑ 0分，将分出来的类别进行量化，然后通过量的次序来寻找线性匹配的线索。

   Ⓒ 0分，规律是分类、排序后，渐渐呈现出来的形态。

Ⓓ 0分，归纳不一定能够涵盖有效的参数。

3. Ⓐ 0分，用熟到极致，也无法超越前人用同样方法尝试过的结果。

Ⓑ 0分，没有直接作用的过渡过程，需要模块。

Ⓒ 5分，这就是要掌握的思维模式。

Ⓓ 0分，门捷列夫发明化学元素是来自梦境，却形成了一个全线性的认识。

22 经验与理论

Day22 经验，源自个人经历的认识

| 选择题 |

1. Ⓐ 5分，实践是没有任何准备工作的，所有人回忆一个事情都可以是经验。

Ⓑ 0分，来自实验的有一定的参考价值，形成的不是经验，而是具体的启发和方法。

Ⓒ 0分，试验里出来的多数都是详细的过程说明，以及报告，比较严肃。

Ⓓ 5分，来自生活的属于经验，另外一种经验体系。

2. Ⓐ 0分，总结多数都是事后的思考，通过回忆输出的东西，多数会有主观和客观方面的环节和细节的遗失。

Ⓑ 0分，来自实验比实践要多一些可控因素，毕竟在操作时就介入思考这个理性动作了。

Ⓒ 5分，试验能够得出更加严谨的结论，包括前因、过程，以及结果。

Ⓓ 0分，来自生活的说法多数是不严谨的。

3. Ⓐ 0分，长期坚持可不是成功的主要因素。

Ⓑ 5分，因素很多，要找到其中重要的来落实。

Ⓒ 0分，教练不过是成功因素之一。

Ⓓ 0分，学校也是成功因素之一。

Day23 理论，对事情全面、完整、系统的说法

| 选择题 |

1. Ⓐ 5分，缺乏细节的说法，不算规律，算口号。

Ⓑ 0分，前因很具体，后果也具体。

Ⓒ 0分，前因后果具体，都可以测量检验是否形成前后必然出现的事物，这就是规律。

Ⓓ 5分，这也是没有细节说明的前因后果。

| 排序题 |

1. Ⓐ 4，理论的含量在信息，仅仅靠时间积累，信息量不一定大。

Ⓑ 3，范围超过时间。

Ⓒ 2，观察能力的影响超过范围。

Ⓓ 1，思考水平超过时间、范围和观察。

2. Ⓐ 4，执行能力强，难以输出为系统的理论。

Ⓑ 3，短期目标难以形成理论，但能够提高执行能力。

Ⓒ 1，复盘与写成文字最重要。

Ⓓ 2，规划与落实过程中有矫正，也能够促成理论框架的形成。

Day24 纸上谈兵，不如理论联系实际

| 选择题 |

1. Ⓐ 0分，如果在销售活动前涉及过多理论，遭遇挫折时就容易怪罪理论。

Ⓑ 0分，遭遇挫折后，学习理论确实有作用，但不是主要的作用。

Ⓒ 5分，理论必须要结合实际，自己尝试设计为行动，才是关键作用。

Ⓓ 0分，这仍然是经验的模仿，忽视了各种可能的前提变量。

2. Ⓐ 0分，这是索性放弃计划和规划的想法。

Ⓑ 0分，这是放弃规划的自我安慰，看起来比较合理。

Ⓒ 5分，这是积极的思路，能够渐渐形成优质的理论。

Ⓓ 0分，这仍然是放弃的思想，外人帮不了自己思想能力的提高。

| 排序题 |

1. Ⓐ 4，没话说，放弃，是最不理性的答复。

Ⓑ 2，讨论目标是一个理性的思考点。

Ⓒ 3，询问对方是否有过错，这是回顾历史，不是最理性的做法。

Ⓓ 1，自我满意就是新的目标。这句话肯定了对方的目标，同时表达了自己的目标，是最理性的答复。

23 互联网思维与系统思维

Day25 互联网思维，一切都围绕信息展开

| 排序题 |

1. Ⓐ 2，信息海量的负面结果就是信息含糊，类

似信息会彼此矛盾。

B 3，存储信息也确实花时间。

C 4，制造信息还是少数人的营生。

D 1，多数人还是沉浸在信息中，比如不知不觉把时间消磨在刷朋友圈上。

2. A 3，总是更换主题是放射性混杂信息。

B 1，盯住主题超过 30 回合算加工。

C 2，发言字数多，也算加工信息。

D 4，吃喝玩乐的信息通常不需加工。

3. A 3，占比均衡，影响不能确保是积极的。

B 2，AD 占比高，说明开始有意识控制自己的信息摄入，如同协调蛋白质摄入一样。

C 1，围绕一个主题才是强大的理性意识，也才能借助水滴石穿的力量取得成就。

D 4，灵活与随意就是随波逐流，到哪里就停在哪里吧。

Day26 系统思维，将认识对象作为一个系统

| 排序题 |

1. A 4，成就感并不是真正的好处。

B 2，掌握事物算不错的好处了，但不是最大的。

C 1，关键好处就是控制自己要的结果。

D 3，提前知道还是被动的，不是主动的。

2. A 2，确定了首要难题然后才是次序。

B 1，确定 ABC 是什么，就是首要难题。

C 3，确定变量比确定结果要难。

D 4，项目、次序、变量都定了，27 个结果就容易多了。

3. A 4，具体每项的变量是最后做的事情。

B 3，确定好目标后，确定前提条件。

C 2，就这个主题确定想要的结果，也就是目标。

D 1，确定主题容易得多，就是选一个自己熟悉的事情。

Day27 思维，对事情确定、稳定的看法

| 选择题 |

1. A 5分，这是从四个思路来看待孩子的成长发育。

B 0分，深度是不断地澄清思路之间的关系。

C 0分，高度是一种长久的影响，能够看到这样的影响。

D 0分，速度是思考一个事情的周期，同时思考多个事物也是速度。

2. A 0分，广度是思路的多样性，能够有很多不同的方向。

B 0分，努力澄清想出来的不同思路之间的关系。

C 5分，这是事情影响的持久性，具备宏观的视野。

D 0分，同时思考多个关系，还有多个思路，也是速度。

3. A 0分，思路涉及的并列项目很多。

B 5分，这是思路之间的关系判断。

C 0分，长远的、大范围的影响。

D 0分，不同事物之间转移的快，思路之间关系假设的可能性多。

24 处理问题与解决问题

Day28 处理问题，不让问题导致的损失扩大

| 选择题 |

1. A 0分，问题出现之前用不到这三个原则。

B 5分，问题解决过程中三个原则充分落实，这时需要思考速度。

C 0分，问题解决后，目的已经达成了，缩小损失的任务时间节点过了。

D 0分，不是所有好东西都可以随意地不分场合、类别地随便使用的。

2. A 0分，再设想一下寻找责任人的目的是什么。

B 0分，继续思考讨论补偿的目的是什么。

C 0分，这都是属于理所当然的范畴，不该使用系统思考。

D 5分，这才是系统思考，比如除旧迎新。

3. A 0分，这是手段之一，不是时机。

B 5分，这个是时机方面的思考。

C 0分，这是手段，手段可以有很多选择。

D 0分，这不是解决问题，这是逻辑思考。

Day29 解决问题，避免同类问题再次发生

| 选择题 |

1. A 5分，这是积极的思考。

Ⓑ 0分，不能说明不彻底，而是现象需要时间渐渐暴露。

Ⓒ 0分，这是消极的思考，反过来说其实就是在设计完善的系统。

Ⓓ 0分，如果一模一样的问题不再出现，说明解决方案非常好。

2. Ⓐ 0分，这是手段。

Ⓑ 0分，这也是一种手段。

Ⓒ 5分，这是寻找原因。

Ⓓ 5分，这也是寻找原因。

3. Ⓐ 0分，这是防范未来行为的手段，不是思考。

Ⓑ 5分，这是向过去寻找原因的思路。

Ⓒ 5分，这是寻找孩子周围影响力的思路。

Ⓓ 5分，这是比较概括的思路。

Day30 问题，与预期不符的现象

| 选择题 |

1. Ⓐ 5分，结果与预期不符，当然就是问题。

Ⓑ 5分，结果与预期不符，当然就是问题。

Ⓒ 0分，这个差距应该忽略不计，不算问题。

Ⓓ 0分，这也是可以忽略不计的。

2. Ⓐ 5分，晕倒是紧急的，救治不当有可能有生命危险。

Ⓑ 0分，讨饭这事儿，不是紧急的。

Ⓒ 0分，训斥孩子估计也不是一天、两天，或者一次、两次的。

Ⓓ 5分，这是紧急的，要设法让孩子晚上能够入睡。

| 排序题 |

1. Ⓐ 1，也许这个男生并不是在提问题，预期不合理。

Ⓑ 2，做过什么尝试，这是寻找原因。

Ⓒ 4，谈对女友要求，这是在考虑将来。

Ⓓ 3，问房、车，这是要求反思自己的条件，也是考虑未来。

未来，属于终身学习者

我这辈子遇到的聪明人（来自各行各业的聪明人）没有不每天阅读的——没有，一个都没有。巴菲特读书之多，我读书之多，可能会让你感到吃惊。孩子们都笑话我。他们觉得我是一本长了两条腿的书。

——查理·芒格

互联网改变了信息连接的方式；指数型技术在迅速颠覆着现有的商业世界；人工智能已经开始抢占人类的工作岗位……

未来，到底需要什么样的人才？

改变命运唯一的策略是你要变成终身学习者。未来世界将不再需要单一的技能型人才，而是需要具备完善的知识结构、极强逻辑思考力和高感知力的复合型人才。优秀的人往往通过阅读建立足够强大的抽象思维能力，获得异于众人的思考和整合能力。未来，将属于终身学习者！而阅读必定和终身学习形影不离。

很多人读书，追求的是干货，寻求的是立刻行之有效的解决方案。其实这是一种留在舒适区的阅读方法。在这个充满不确定性的年代，答案不会简单地出现在书里，因为生活根本就没有标准确切的答案，你也不能期望过去的经验能解决未来的问题。

而真正的阅读，应该在书中与智者同行思考，借他们的视角看到世界的多元性，提出比答案更重要的好问题，在不确定的时代中领先起跑。

湛庐阅读 App：与最聪明的人共同进化

有人常常把成本支出的焦点放在书价上，把读完一本书当作阅读的终结。其实不然。

时间是读者付出的最大阅读成本

怎么读是读者面临的最大阅读障碍

“读书破万卷”不仅仅在“万”，更重要的是在“破”！

现在，我们构建了全新的“湛庐阅读”App。它将成为你“破万卷”的新居所。在这里：

- 不用考虑读什么，你可以便捷找到纸书、电子书、有声书和各种声音产品；
- 你可以学会怎么读，你将发现集泛读、通读、精读于一体的阅读解决方案；
- 你会与作者、译者、专家、推荐人和阅读教练相遇，他们是优质思想的发源地；
- 你会与优秀的读者和终身学习者为伍，他们对阅读和学习有着持久的热情和源源不绝的内驱力。

CHEERS

本书阅读资料包

给你便捷、高效、全面的阅读体验

本书参考资料

湛庐独家策划

- ✔ 参考文献
  为了环保、节约纸张，部分图书的参考文献以电子版方式提供
- ✔ 主题书单
  编辑精心推荐的延伸阅读书单，助你开启主题式阅读
- ✔ 图片资料
  提供部分图片的高清彩色原版大图，方便保存和分享

相关阅读服务

终身学习者必备

- ✔ 电子书
  便捷、高效，方便检索，易于携带，随时更新
- ✔ 有声书
  保护视力，随时随地，有温度、有情感地听本书
- ✔ 精读班
  2~4周，最懂这本书的人带你读完、读懂、读透这本好书
- ✔ 课　程
  课程权威专家给你开书单，带你快速浏览一个领域的知识概貌
- ✔ 讲　书
  30分钟，大咖给你讲本书，让你挑书不费劲

湛庐编辑为你独家呈现
助你更好获得书里和书外的思想和智慧，请扫码查收！

（阅读资料包的内容因书而异，最终以湛庐阅读App页面为准）

倡导亲自阅读

不逐高效，提倡大家亲自阅读，通过独立思考领悟一本书的妙趣，把思想变为己有。

阅读体验一站满足

不只是提供纸质书、电子书、有声书，更为读者打造了满足泛读、通读、精读需求的全方位阅读服务产品——讲书、课程、精读班等。

以阅读之名汇聪明人之力

第一类是作者，他们是思想的发源地；第二类是译者、专家、推荐人和教练，他们是思想的代言人和诠释者；第三类是读者和学习者，他们对阅读和学习有着持久的热情和源源不绝的内驱力。

CHEERS

以一本书为核心

遇见书里书外，更大的世界

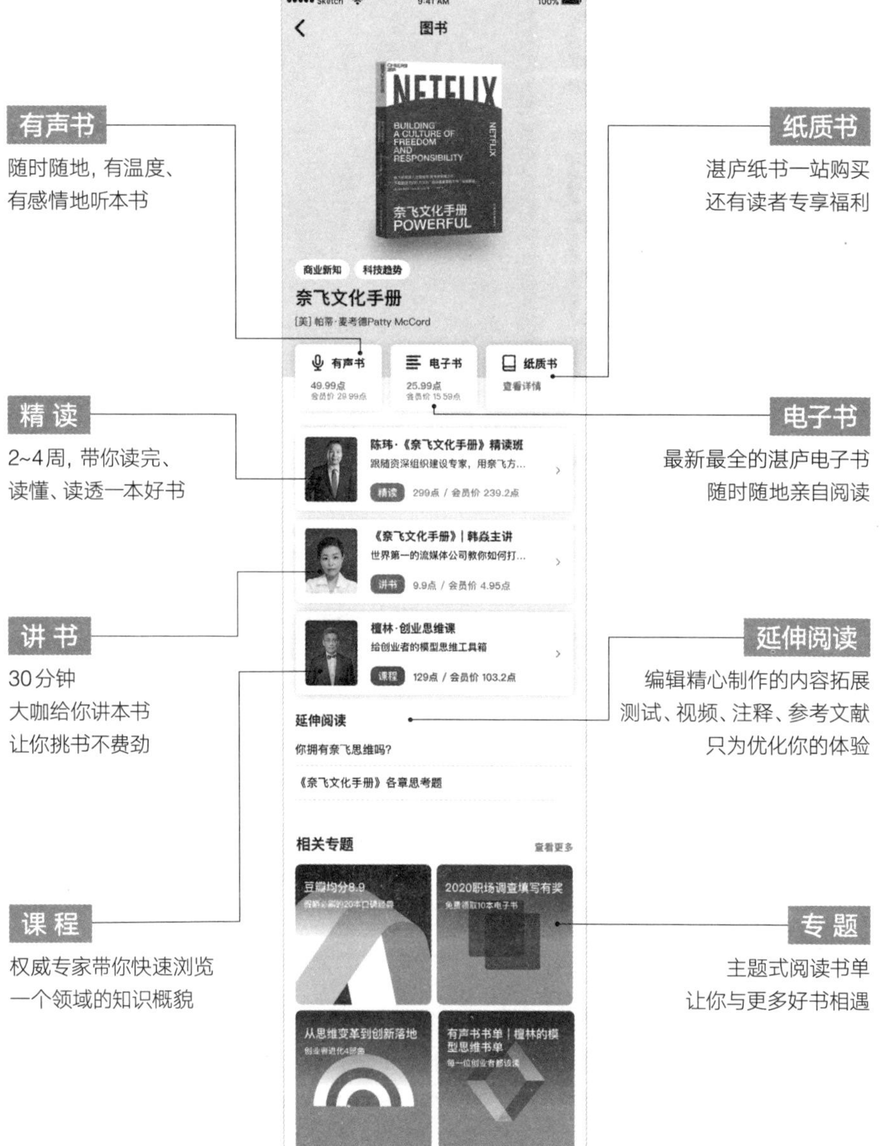

湛庐CHEERS

湛庐文化获奖书目

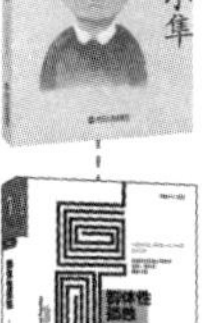

《爱哭鬼小隼》

国家图书馆"第九届文津奖"十本获奖图书之一

《新京报》2013年度童书

《中国教育报》2013年度教师推荐的10大童书

新阅读研究所"2013年度最佳童书"

《群体性孤独》

国家图书馆"第十届文津奖"十本获奖图书之一

2014"腾讯网·啖书局"TMT十大最佳图书

《用心教养》

国家新闻出版广电总局2014年度"大众喜爱的50种图书"生活与科普类TOP6

《正能量》

《新智囊》2012年经管类十大图书，京东2012好书榜年度新书

《正义之心》

《第一财经周刊》2014年度商业图书TOP10

《神话的力量》

《心理月刊》2011年度最佳图书奖

《当音乐停止之后》

《中欧商业评论》2014年度经管好书榜·经济金融类

《富足》

《哈佛商业评论》2015年最值得读的八本好书

2014"腾讯网·啖书局"TMT十大最佳图书

《稀缺》

《第一财经周刊》2014年度商业图书TOP10

《中欧商业评论》2014年度经管好书榜·企业管理类

《大爆炸式创新》

《中欧商业评论》2014年度经管好书榜·企业管理类

《技术的本质》

2014"腾讯网·啖书局"TMT十大最佳图书

《社交网络改变世界》

新华网、中国出版传媒2013年度中国影响力图书

《孵化Twitter》

2013年11月亚马逊(美国)月度最佳图书

《第一财经周刊》2014年度商业图书TOP10

《谁是谷歌想要的人才？》

《出版商务周报》2013年度风云图书·励志类上榜书籍

《卡普新生儿安抚法》《最快乐的宝宝1·0~1岁》

2013新浪"养育有道"年度论坛养育类图书推荐奖

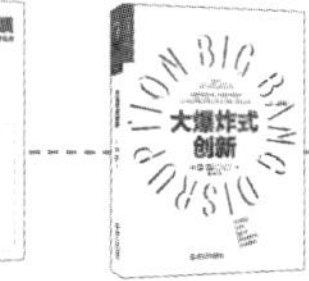

图书在版编目（CIP）数据

用脑拿订单 2.0 / 孙路弘著 .—北京：北京联合出版公司，2016.5（2023.8重印）
ISBN 978-7-5502-7492-1

Ⅰ. ①用… Ⅱ. ①孙… Ⅲ. ①市场营销学 Ⅳ. ① F713.50

中国版本图书馆 CIP 数据核字（2016）第 069350 号

上架指导：营销 / 销售

本书法律顾问　北京市盈科律师事务所　崔爽律师

用脑拿订单 2.0

作　　者：孙路弘
责任编辑：牛炜征
封面设计：湛庐文化 蒋碧君
版式设计：湛庐文化 尹秋羡

北京联合出版公司出版
（北京市西城区德外大街 83 号楼 9 层　100088）
石家庄继文印刷有限公司 印刷　新华书店经销
字数 230 千字　710 毫米 ×965 毫米　1/16　19 印张　5 插页
2016 年 10 月第 1 版　2023 年 8 月第 4 次印刷
ISBN　978-7-5502-7492-1
定价：56.90 元